This planner belongs to

_____

SMB

MONTH:_____

Sunday	Monday	Tuesday	Wednesday

"All our dreams can come true, if we have
the courage to pursue them."

- Walt Disney

Thursday	Friday	Saturday	Notes
			_____ _____ _____ _____ _____ _____
			_____ _____ _____ _____ _____
			_____ _____ _____ _____ _____
			_____ _____ _____ _____ _____
			_____ _____ _____ _____ _____

Week of: _____ - _____

WEEKLY GOALS	WEEKLY AFFIRMATION

1. _____
2. _____
3. _____

_____
_____
_____

MOTIVATION RATING
☆ ☆ ☆ ☆ ☆

MONDAY

TO-DO LIST

- [ ] _____
- [ ] _____
- [ ] _____
- [ ] _____
- [ ] _____

NOTES

- [ ] _____
- [ ] _____
- [ ] _____
- [ ] _____
- [ ] _____

MOTIVATION RATING
☆ ☆ ☆ ☆ ☆

TUESDAY

TO-DO LIST

- [ ] _____
- [ ] _____
- [ ] _____
- [ ] _____
- [ ] _____

NOTES

- [ ] _____
- [ ] _____
- [ ] _____
- [ ] _____
- [ ] _____

MOTIVATION RATING
☆ ☆ ☆ ☆ ☆

WEDNESDAY

TO-DO LIST

- [ ] _____
- [ ] _____
- [ ] _____
- [ ] _____
- [ ] _____

NOTES

- [ ] _____
- [ ] _____
- [ ] _____
- [ ] _____
- [ ] _____

THURSDAY

TO-DO LIST

- [ ] _____
- [ ] _____
- [ ] _____
- [ ] _____
- [ ] _____

NOTES

- [ ] _____
- [ ] _____
- [ ] _____
- [ ] _____
- [ ] _____

FRIDAY

TO-DO LIST

- [ ] _____
- [ ] _____
- [ ] _____
- [ ] _____
- [ ] _____

NOTES

- [ ] _____
- [ ] _____
- [ ] _____
- [ ] _____
- [ ] _____

SATURDAY

TO-DO LIST

- [ ] _____
- [ ] _____
- [ ] _____
- [ ] _____
- [ ] _____

NOTES

- [ ] _____
- [ ] _____
- [ ] _____
- [ ] _____
- [ ] _____

SUNDAY

TO-DO LIST

- [ ] _____
- [ ] _____
- [ ] _____
- [ ] _____
- [ ] _____

NOTES

- [ ] _____
- [ ] _____
- [ ] _____
- [ ] _____
- [ ] _____

Week of: _____ - _____

WEEKLY GOALS	WEEKLY AFFIRMATION
1. _____	_____
2. _____	_____
3. _____	_____

MONDAY

MOTIVATION RATING
☆ ☆ ☆ ☆ ☆

TO-DO LIST

☐ _____
☐ _____
☐ _____
☐ _____
☐ _____

NOTES

☐ _____
☐ _____
☐ _____
☐ _____
☐ _____

TUESDAY

MOTIVATION RATING
☆ ☆ ☆ ☆ ☆

TO-DO LIST

☐ _____
☐ _____
☐ _____
☐ _____
☐ _____

NOTES

☐ _____
☐ _____
☐ _____
☐ _____
☐ _____

WEDNESDAY

MOTIVATION RATING
☆ ☆ ☆ ☆ ☆

TO-DO LIST

☐ _____
☐ _____
☐ _____
☐ _____
☐ _____

NOTES

☐ _____
☐ _____
☐ _____
☐ _____
☐ _____

THURSDAY

MOTIVATION RATING
☆ ☆ ☆ ☆ ☆

TO-DO LIST

- [ ] _____
- [ ] _____
- [ ] _____
- [ ] _____
- [ ] _____

NOTES

- [ ] _____
- [ ] _____
- [ ] _____
- [ ] _____
- [ ] _____

FRIDAY

MOTIVATION RATING
☆ ☆ ☆ ☆ ☆

TO-DO LIST

- [ ] _____
- [ ] _____
- [ ] _____
- [ ] _____
- [ ] _____

NOTES

- [ ] _____
- [ ] _____
- [ ] _____
- [ ] _____
- [ ] _____

SATURDAY

MOTIVATION RATING
☆ ☆ ☆ ☆ ☆

TO-DO LIST

- [ ] _____
- [ ] _____
- [ ] _____
- [ ] _____
- [ ] _____

NOTES

- [ ] _____
- [ ] _____
- [ ] _____
- [ ] _____
- [ ] _____

SUNDAY

MOTIVATION RATING
☆ ☆ ☆ ☆ ☆

TO-DO LIST

- [ ] _____
- [ ] _____
- [ ] _____
- [ ] _____
- [ ] _____

NOTES

- [ ] _____
- [ ] _____
- [ ] _____
- [ ] _____
- [ ] _____

Week of: _____ - _____

WEEKLY GOALS	WEEKLY AFFIRMATION
1. _____	_____
2. _____	_____
3. _____	_____

MONDAY

MOTIVATION RATING
☆ ☆ ☆ ☆ ☆

TO-DO LIST
- [ ] _____
- [ ] _____
- [ ] _____
- [ ] _____
- [ ] _____

NOTES
- [ ] _____
- [ ] _____
- [ ] _____
- [ ] _____
- [ ] _____

TUESDAY

MOTIVATION RATING
☆ ☆ ☆ ☆ ☆

TO-DO LIST
- [ ] _____
- [ ] _____
- [ ] _____
- [ ] _____
- [ ] _____

NOTES
- [ ] _____
- [ ] _____
- [ ] _____
- [ ] _____
- [ ] _____

WEDNESDAY

MOTIVATION RATING
☆ ☆ ☆ ☆ ☆

TO-DO LIST
- [ ] _____
- [ ] _____
- [ ] _____
- [ ] _____
- [ ] _____

NOTES
- [ ] _____
- [ ] _____
- [ ] _____
- [ ] _____
- [ ] _____

THURSDAY

TO-DO LIST

☐ _____
☐ _____
☐ _____
☐ _____
☐ _____

NOTES

☐ _____
☐ _____
☐ _____
☐ _____
☐ _____

FRIDAY

TO-DO LIST

☐ _____
☐ _____
☐ _____
☐ _____
☐ _____

NOTES

☐ _____
☐ _____
☐ _____
☐ _____
☐ _____

SATURDAY

TO-DO LIST

☐ _____
☐ _____
☐ _____
☐ _____
☐ _____

NOTES

☐ _____
☐ _____
☐ _____
☐ _____
☐ _____

SUNDAY

TO-DO LIST

☐ _____
☐ _____
☐ _____
☐ _____
☐ _____

NOTES

☐ _____
☐ _____
☐ _____
☐ _____
☐ _____

Week of. _____ - _____

WEEKLY GOALS	WEEKLY AFFIRMATION

WEEKLY GOALS

1. _____
2. _____
3. _____

WEEKLY AFFIRMATION

_____

_____

_____

MONDAY

MOTIVATION RATING
☆ ☆ ☆ ☆ ☆

TO-DO LIST

☐ _____
☐ _____
☐ _____
☐ _____
☐ _____

NOTES

☐ _____
☐ _____
☐ _____
☐ _____
☐ _____

TUESDAY

MOTIVATION RATING
☆ ☆ ☆ ☆ ☆

TO-DO LIST

☐ _____
☐ _____
☐ _____
☐ _____
☐ _____

NOTES

☐ _____
☐ _____
☐ _____
☐ _____
☐ _____

WEDNESDAY

MOTIVATION RATING
☆ ☆ ☆ ☆ ☆

TO-DO LIST

☐ _____
☐ _____
☐ _____
☐ _____
☐ _____

NOTES

☐ _____
☐ _____
☐ _____
☐ _____
☐ _____

THURSDAY

MOTIVATION RATING
☆ ☆ ☆ ☆ ☆

TO-DO LIST

- [ ]
- [ ]
- [ ]
- [ ]
- [ ]

NOTES

- [ ]
- [ ]
- [ ]
- [ ]
- [ ]

FRIDAY

MOTIVATION RATING
☆ ☆ ☆ ☆ ☆

TO-DO LIST

- [ ]
- [ ]
- [ ]
- [ ]
- [ ]

NOTES

- [ ]
- [ ]
- [ ]
- [ ]
- [ ]

SATURDAY

MOTIVATION RATING
☆ ☆ ☆ ☆ ☆

TO-DO LIST

- [ ]
- [ ]
- [ ]
- [ ]
- [ ]

NOTES

- [ ]
- [ ]
- [ ]
- [ ]
- [ ]

SUNDAY

MOTIVATION RATING
☆ ☆ ☆ ☆ ☆

TO-DO LIST

- [ ]
- [ ]
- [ ]
- [ ]
- [ ]

NOTES

- [ ]
- [ ]
- [ ]
- [ ]
- [ ]

Week of: _____ - _____

WEEKLY GOALS	WEEKLY AFFIRMATION
1. _____	_____
2. _____	_____
3. _____	_____

MONDAY

MOTIVATION RATING
☆ ☆ ☆ ☆ ☆

TO-DO LIST
- ☐ _____
- ☐ _____
- ☐ _____
- ☐ _____
- ☐ _____

NOTES
- ☐ _____
- ☐ _____
- ☐ _____
- ☐ _____
- ☐ _____

TUESDAY

MOTIVATION RATING
☆ ☆ ☆ ☆ ☆

TO-DO LIST
- ☐ _____
- ☐ _____
- ☐ _____
- ☐ _____
- ☐ _____

NOTES
- ☐ _____
- ☐ _____
- ☐ _____
- ☐ _____
- ☐ _____

WEDNESDAY

MOTIVATION RATING
☆ ☆ ☆ ☆ ☆

TO-DO LIST
- ☐ _____
- ☐ _____
- ☐ _____
- ☐ _____
- ☐ _____

NOTES
- ☐ _____
- ☐ _____
- ☐ _____
- ☐ _____
- ☐ _____

THURSDAY

TO-DO LIST

☐ _____
☐ _____
☐ _____
☐ _____
☐ _____

NOTES

☐ _____
☐ _____
☐ _____
☐ _____
☐ _____

FRIDAY

TO-DO LIST

☐ _____
☐ _____
☐ _____
☐ _____
☐ _____

NOTES

☐ _____
☐ _____
☐ _____
☐ _____
☐ _____

SATURDAY

TO-DO LIST

☐ _____
☐ _____
☐ _____
☐ _____
☐ _____

NOTES

☐ _____
☐ _____
☐ _____
☐ _____
☐ _____

SUNDAY

TO-DO LIST

☐ _____
☐ _____
☐ _____
☐ _____
☐ _____

NOTES

☐ _____
☐ _____
☐ _____
☐ _____
☐ _____

Reflcections

Notes

MONTH:_____

Sunday	Monday	Tuesday	Wednesday

"Tough times never last, but tough people do."

- Robert H. Schuller

Thursday	Friday	Saturday	Notes
			_____
			_____
			_____
			_____
			_____
			_____

Week of. _____ - _____

WEEKLY GOALS	WEEKLY AFFIRMATION

WEEKLY GOALS

1. _____
2. _____
3. _____

WEEKLY AFFIRMATION

_____

_____

_____

MONDAY

MOTIVATION RATING
☆ ☆ ☆ ☆ ☆

TO-DO LIST

☐ _____
☐ _____
☐ _____
☐ _____
☐ _____

NOTES

☐ _____
☐ _____
☐ _____
☐ _____
☐ _____

TUESDAY

MOTIVATION RATING
☆ ☆ ☆ ☆ ☆

TO-DO LIST

☐ _____
☐ _____
☐ _____
☐ _____
☐ _____

NOTES

☐ _____
☐ _____
☐ _____
☐ _____
☐ _____

WEDNESDAY

MOTIVATION RATING
☆ ☆ ☆ ☆ ☆

TO-DO LIST

☐ _____
☐ _____
☐ _____
☐ _____
☐ _____

NOTES

☐ _____
☐ _____
☐ _____
☐ _____
☐ _____

THURSDAY

☆ ☆ ☆ ☆ ☆

TO-DO LIST

- ☐ _____
- ☐ _____
- ☐ _____
- ☐ _____
- ☐ _____

NOTES

- ☐ _____
- ☐ _____
- ☐ _____
- ☐ _____
- ☐ _____

FRIDAY

☆ ☆ ☆ ☆ ☆

TO-DO LIST

- ☐ _____
- ☐ _____
- ☐ _____
- ☐ _____
- ☐ _____

NOTES

- ☐ _____
- ☐ _____
- ☐ _____
- ☐ _____
- ☐ _____

SATURDAY

☆ ☆ ☆ ☆ ☆

TO-DO LIST

- ☐ _____
- ☐ _____
- ☐ _____
- ☐ _____
- ☐ _____

NOTES

- ☐ _____
- ☐ _____
- ☐ _____
- ☐ _____
- ☐ _____

SUNDAY

☆ ☆ ☆ ☆ ☆

TO-DO LIST

- ☐ _____
- ☐ _____
- ☐ _____
- ☐ _____
- ☐ _____

NOTES

- ☐ _____
- ☐ _____
- ☐ _____
- ☐ _____
- ☐ _____

Week of: _____ -

WEEKLY GOALS	WEEKLY AFFIRMATION
1. _____	_____
2. _____	_____
3. _____	_____

MONDAY

MOTIVATION RATING
☆ ☆ ☆ ☆ ☆

TO-DO LIST

☐ _____
☐ _____
☐ _____
☐ _____
☐ _____

NOTES

☐ _____
☐ _____
☐ _____
☐ _____
☐ _____

TUESDAY

MOTIVATION RATING
☆ ☆ ☆ ☆ ☆

TO-DO LIST

☐ _____
☐ _____
☐ _____
☐ _____
☐ _____

NOTES

☐ _____
☐ _____
☐ _____
☐ _____
☐ _____

WEDNESDAY

MOTIVATION RATING
☆ ☆ ☆ ☆ ☆

TO-DO LIST

☐ _____
☐ _____
☐ _____
☐ _____
☐ _____

NOTES

☐ _____
☐ _____
☐ _____
☐ _____
☐ _____

THURSDAY

MOTIVATION RATING
☆ ☆ ☆ ☆ ☆

TO-DO LIST

- [ ]
- [ ]
- [ ]
- [ ]
- [ ]

NOTES

- [ ]
- [ ]
- [ ]
- [ ]
- [ ]

FRIDAY

MOTIVATION RATING
☆ ☆ ☆ ☆ ☆

TO-DO LIST

- [ ]
- [ ]
- [ ]
- [ ]
- [ ]

NOTES

- [ ]
- [ ]
- [ ]
- [ ]
- [ ]

SATURDAY

MOTIVATION RATING
☆ ☆ ☆ ☆ ☆

TO-DO LIST

- [ ]
- [ ]
- [ ]
- [ ]
- [ ]

NOTES

- [ ]
- [ ]
- [ ]
- [ ]
- [ ]

SUNDAY

MOTIVATION RATING
☆ ☆ ☆ ☆ ☆

TO-DO LIST

- [ ]
- [ ]
- [ ]
- [ ]
- [ ]

NOTES

- [ ]
- [ ]
- [ ]
- [ ]
- [ ]

Week of. _____ - _____

WEEKLY GOALS	WEEKLY AFFIRMATION

WEEKLY GOALS

1. _____
2. _____
3. _____

WEEKLY AFFIRMATION

_____

_____

_____

MONDAY

MOTIVATION RATING
☆ ☆ ☆ ☆ ☆

TO-DO LIST

- ☐ _____
- ☐ _____
- ☐ _____
- ☐ _____
- ☐ _____

NOTES

- ☐ _____
- ☐ _____
- ☐ _____
- ☐ _____
- ☐ _____

TUESDAY

MOTIVATION RATING
☆ ☆ ☆ ☆ ☆

TO-DO LIST

- ☐ _____
- ☐ _____
- ☐ _____
- ☐ _____
- ☐ _____

NOTES

- ☐ _____
- ☐ _____
- ☐ _____
- ☐ _____
- ☐ _____

WEDNESDAY

MOTIVATION RATING
☆ ☆ ☆ ☆ ☆

TO-DO LIST

- ☐ _____
- ☐ _____
- ☐ _____
- ☐ _____
- ☐ _____

NOTES

- ☐ _____
- ☐ _____
- ☐ _____
- ☐ _____
- ☐ _____

THURSDAY

TO-DO LIST

- [ ]
- [ ]
- [ ]
- [ ]
- [ ]

NOTES

- [ ]
- [ ]
- [ ]
- [ ]
- [ ]

FRIDAY

TO-DO LIST

- [ ]
- [ ]
- [ ]
- [ ]
- [ ]

NOTES

- [ ]
- [ ]
- [ ]
- [ ]
- [ ]

SATURDAY

TO-DO LIST

- [ ]
- [ ]
- [ ]
- [ ]
- [ ]

NOTES

- [ ]
- [ ]
- [ ]
- [ ]
- [ ]

SUNDAY

TO-DO LIST

- [ ]
- [ ]
- [ ]
- [ ]
- [ ]

NOTES

- [ ]
- [ ]
- [ ]
- [ ]
- [ ]

Week of: _____ - _____

WEEKLY GOALS	WEEKLY AFFIRMATION
1. _____	_____
2. _____	_____
3. _____	_____

MONDAY

MOTIVATION RATING
☆ ☆ ☆ ☆ ☆

TO-DO LIST

☐ _____
☐ _____
☐ _____
☐ _____
☐ _____

NOTES

☐ _____
☐ _____
☐ _____
☐ _____
☐ _____

TUESDAY

MOTIVATION RATING
☆ ☆ ☆ ☆ ☆

TO-DO LIST

☐ _____
☐ _____
☐ _____
☐ _____
☐ _____

NOTES

☐ _____
☐ _____
☐ _____
☐ _____
☐ _____

WEDNESDAY

MOTIVATION RATING
☆ ☆ ☆ ☆ ☆

TO-DO LIST

☐ _____
☐ _____
☐ _____
☐ _____
☐ _____

NOTES

☐ _____
☐ _____
☐ _____
☐ _____
☐ _____

THURSDAY

TO-DO LIST

- ☐ _____
- ☐ _____
- ☐ _____
- ☐ _____
- ☐ _____

NOTES

- ☐ _____
- ☐ _____
- ☐ _____
- ☐ _____
- ☐ _____

FRIDAY

TO-DO LIST

- ☐ _____
- ☐ _____
- ☐ _____
- ☐ _____
- ☐ _____

NOTES

- ☐ _____
- ☐ _____
- ☐ _____
- ☐ _____
- ☐ _____

SATURDAY

TO-DO LIST

- ☐ _____
- ☐ _____
- ☐ _____
- ☐ _____
- ☐ _____

NOTES

- ☐ _____
- ☐ _____
- ☐ _____
- ☐ _____
- ☐ _____

SUNDAY

TO-DO LIST

- ☐ _____
- ☐ _____
- ☐ _____
- ☐ _____
- ☐ _____

NOTES

- ☐ _____
- ☐ _____
- ☐ _____
- ☐ _____
- ☐ _____

Week of: _____ - _____

WEEKLY GOALS	WEEKLY AFFIRMATION

WEEKLY GOALS

1. _____
2. _____
3. _____

WEEKLY AFFIRMATION

_____
_____
_____

MONDAY

MOTIVATION RATING
☆ ☆ ☆ ☆ ☆

TO-DO LIST

- ☐ _____
- ☐ _____
- ☐ _____
- ☐ _____
- ☐ _____

NOTES

- ☐ _____
- ☐ _____
- ☐ _____
- ☐ _____
- ☐ _____

TUESDAY

MOTIVATION RATING
☆ ☆ ☆ ☆ ☆

TO-DO LIST

- ☐ _____
- ☐ _____
- ☐ _____
- ☐ _____
- ☐ _____

NOTES

- ☐ _____
- ☐ _____
- ☐ _____
- ☐ _____
- ☐ _____

WEDNESDAY

MOTIVATION RATING
☆ ☆ ☆ ☆ ☆

TO-DO LIST

- ☐ _____
- ☐ _____
- ☐ _____
- ☐ _____
- ☐ _____

NOTES

- ☐ _____
- ☐ _____
- ☐ _____
- ☐ _____
- ☐ _____

THURSDAY

MOTIVATION RATING
☆ ☆ ☆ ☆ ☆

TO-DO LIST

- [ ]
- [ ]
- [ ]
- [ ]
- [ ]

NOTES

- [ ]
- [ ]
- [ ]
- [ ]
- [ ]

FRIDAY

MOTIVATION RATING
☆ ☆ ☆ ☆ ☆

TO-DO LIST

- [ ]
- [ ]
- [ ]
- [ ]
- [ ]

NOTES

- [ ]
- [ ]
- [ ]
- [ ]
- [ ]

SATURDAY

MOTIVATION RATING
☆ ☆ ☆ ☆ ☆

TO-DO LIST

- [ ]
- [ ]
- [ ]
- [ ]
- [ ]

NOTES

- [ ]
- [ ]
- [ ]
- [ ]
- [ ]

SUNDAY

MOTIVATION RATING
☆ ☆ ☆ ☆ ☆

TO-DO LIST

- [ ]
- [ ]
- [ ]
- [ ]
- [ ]

NOTES

- [ ]
- [ ]
- [ ]
- [ ]
- [ ]

Reflcections

Notes

MONTH:_____

Sunday	Monday	Tuesday	Wednesday

"Don't give up, remember why you started."

- Felixia Wade

Thursday	Friday	Saturday	Notes
			_____
			_____
			_____
			_____
			_____
			_____
			_____
			_____
			_____
			_____
			_____
			_____
			_____
			_____
			_____
			_____
			_____

Week of: _____ - _____

WEEKLY GOALS	WEEKLY AFFIRMATION

1. _____
2. _____
3. _____

_____
_____
_____

MONDAY

MOTIVATION RATING
☆ ☆ ☆ ☆ ☆

TO-DO LIST

☐ _____
☐ _____
☐ _____
☐ _____
☐ _____

NOTES

☐ _____
☐ _____
☐ _____
☐ _____
☐ _____

TUESDAY

MOTIVATION RATING
☆ ☆ ☆ ☆ ☆

TO-DO LIST

☐ _____
☐ _____
☐ _____
☐ _____
☐ _____

NOTES

☐ _____
☐ _____
☐ _____
☐ _____
☐ _____

WEDNESDAY

MOTIVATION RATING
☆ ☆ ☆ ☆ ☆

TO-DO LIST

☐ _____
☐ _____
☐ _____
☐ _____
☐ _____

NOTES

☐ _____
☐ _____
☐ _____
☐ _____
☐ _____

THURSDAY

TO-DO LIST

- ☐ _____
- ☐ _____
- ☐ _____
- ☐ _____
- ☐ _____

NOTES

- ☐ _____
- ☐ _____
- ☐ _____
- ☐ _____
- ☐ _____

FRIDAY

TO-DO LIST

- ☐ _____
- ☐ _____
- ☐ _____
- ☐ _____
- ☐ _____

NOTES

- ☐ _____
- ☐ _____
- ☐ _____
- ☐ _____
- ☐ _____

SATURDAY

TO-DO LIST

- ☐ _____
- ☐ _____
- ☐ _____
- ☐ _____
- ☐ _____

NOTES

- ☐ _____
- ☐ _____
- ☐ _____
- ☐ _____
- ☐ _____

SUNDAY

TO-DO LIST

- ☐ _____
- ☐ _____
- ☐ _____
- ☐ _____
- ☐ _____

NOTES

- ☐ _____
- ☐ _____
- ☐ _____
- ☐ _____
- ☐ _____

Week of: _____ - _____

WEEKLY GOALS	WEEKLY AFFIRMATION
1. _____	_____
2. _____	_____
3. _____	_____

MONDAY

MOTIVATION RATING
☆ ☆ ☆ ☆ ☆

TO-DO LIST

☐ _____
☐ _____
☐ _____
☐ _____
☐ _____

NOTES

☐ _____
☐ _____
☐ _____
☐ _____
☐ _____

TUESDAY

MOTIVATION RATING
☆ ☆ ☆ ☆ ☆

TO-DO LIST

☐ _____
☐ _____
☐ _____
☐ _____
☐ _____

NOTES

☐ _____
☐ _____
☐ _____
☐ _____
☐ _____

WEDNESDAY

MOTIVATION RATING
☆ ☆ ☆ ☆ ☆

TO-DO LIST

☐ _____
☐ _____
☐ _____
☐ _____
☐ _____

NOTES

☐ _____
☐ _____
☐ _____
☐ _____
☐ _____

THURSDAY

MOTIVATION RATING
☆ ☆ ☆ ☆ ☆

TO-DO LIST

- ☐ _____
- ☐ _____
- ☐ _____
- ☐ _____
- ☐ _____

NOTES

- ☐ _____
- ☐ _____
- ☐ _____
- ☐ _____
- ☐ _____

FRIDAY

MOTIVATION RATING
☆ ☆ ☆ ☆ ☆

TO-DO LIST

- ☐ _____
- ☐ _____
- ☐ _____
- ☐ _____
- ☐ _____

NOTES

- ☐ _____
- ☐ _____
- ☐ _____
- ☐ _____
- ☐ _____

SATURDAY

MOTIVATION RATING
☆ ☆ ☆ ☆ ☆

TO-DO LIST

- ☐ _____
- ☐ _____
- ☐ _____
- ☐ _____
- ☐ _____

NOTES

- ☐ _____
- ☐ _____
- ☐ _____
- ☐ _____
- ☐ _____

SUNDAY

MOTIVATION RATING
☆ ☆ ☆ ☆ ☆

TO-DO LIST

- ☐ _____
- ☐ _____
- ☐ _____
- ☐ _____
- ☐ _____

NOTES

- ☐ _____
- ☐ _____
- ☐ _____
- ☐ _____
- ☐ _____

Week of. _____ - _____

WEEKLY GOALS	WEEKLY AFFIRMATION
1. _____	_____
2. _____	_____
3. _____	_____

MONDAY

MOTIVATION RATING
☆ ☆ ☆ ☆ ☆

TO-DO LIST

☐ _____
☐ _____
☐ _____
☐ _____
☐ _____

NOTES

☐ _____
☐ _____
☐ _____
☐ _____
☐ _____

TUESDAY

MOTIVATION RATING
☆ ☆ ☆ ☆ ☆

TO-DO LIST

☐ _____
☐ _____
☐ _____
☐ _____
☐ _____

NOTES

☐ _____
☐ _____
☐ _____
☐ _____
☐ _____

WEDNESDAY

MOTIVATION RATING
☆ ☆ ☆ ☆ ☆

TO-DO LIST

☐ _____
☐ _____
☐ _____
☐ _____
☐ _____

NOTES

☐ _____
☐ _____
☐ _____
☐ _____
☐ _____

THURSDAY

TO-DO LIST

- [ ] _____
- [ ] _____
- [ ] _____
- [ ] _____
- [ ] _____

NOTES

- [ ] _____
- [ ] _____
- [ ] _____
- [ ] _____
- [ ] _____

FRIDAY

TO-DO LIST

- [ ] _____
- [ ] _____
- [ ] _____
- [ ] _____
- [ ] _____

NOTES

- [ ] _____
- [ ] _____
- [ ] _____
- [ ] _____
- [ ] _____

SATURDAY

TO-DO LIST

- [ ] _____
- [ ] _____
- [ ] _____
- [ ] _____
- [ ] _____

NOTES

- [ ] _____
- [ ] _____
- [ ] _____
- [ ] _____
- [ ] _____

SUNDAY

TO-DO LIST

- [ ] _____
- [ ] _____
- [ ] _____
- [ ] _____
- [ ] _____

NOTES

- [ ] _____
- [ ] _____
- [ ] _____
- [ ] _____
- [ ] _____

Week of: _____ -

WEEKLY GOALS	WEEKLY AFFIRMATION

1. _____
2. _____
3. _____

_____
_____
_____

MONDAY

MOTIVATION RATING
☆ ☆ ☆ ☆ ☆

TO-DO LIST

- ☐ _____
- ☐ _____
- ☐ _____
- ☐ _____
- ☐ _____

NOTES

- ☐ _____
- ☐ _____
- ☐ _____
- ☐ _____
- ☐ _____

TUESDAY

MOTIVATION RATING
☆ ☆ ☆ ☆ ☆

TO-DO LIST

- ☐ _____
- ☐ _____
- ☐ _____
- ☐ _____
- ☐ _____

NOTES

- ☐ _____
- ☐ _____
- ☐ _____
- ☐ _____
- ☐ _____

WEDNESDAY

MOTIVATION RATING
☆ ☆ ☆ ☆ ☆

TO-DO LIST

- ☐ _____
- ☐ _____
- ☐ _____
- ☐ _____
- ☐ _____

NOTES

- ☐ _____
- ☐ _____
- ☐ _____
- ☐ _____
- ☐ _____

THURSDAY

TO-DO LIST

- ☐ _____
- ☐ _____
- ☐ _____
- ☐ _____
- ☐ _____

NOTES

- ☐ _____
- ☐ _____
- ☐ _____
- ☐ _____
- ☐ _____

FRIDAY

TO-DO LIST

- ☐ _____
- ☐ _____
- ☐ _____
- ☐ _____
- ☐ _____

NOTES

- ☐ _____
- ☐ _____
- ☐ _____
- ☐ _____
- ☐ _____

SATURDAY

TO-DO LIST

- ☐ _____
- ☐ _____
- ☐ _____
- ☐ _____
- ☐ _____

NOTES

- ☐ _____
- ☐ _____
- ☐ _____
- ☐ _____
- ☐ _____

SUNDAY

TO-DO LIST

- ☐ _____
- ☐ _____
- ☐ _____
- ☐ _____
- ☐ _____

NOTES

- ☐ _____
- ☐ _____
- ☐ _____
- ☐ _____
- ☐ _____

Week of. _____ - _____

WEEKLY GOALS	WEEKLY AFFIRMATION
1. _____	_____
2. _____	_____
3. _____	_____

MONDAY

MOTIVATION RATING
☆ ☆ ☆ ☆ ☆

TO-DO LIST
- ☐ _____
- ☐ _____
- ☐ _____
- ☐ _____
- ☐ _____

NOTES
- ☐ _____
- ☐ _____
- ☐ _____
- ☐ _____
- ☐ _____

TUESDAY

MOTIVATION RATING
☆ ☆ ☆ ☆ ☆

TO-DO LIST
- ☐ _____
- ☐ _____
- ☐ _____
- ☐ _____
- ☐ _____

NOTES
- ☐ _____
- ☐ _____
- ☐ _____
- ☐ _____
- ☐ _____

WEDNESDAY

MOTIVATION RATING
☆ ☆ ☆ ☆ ☆

TO-DO LIST
- ☐ _____
- ☐ _____
- ☐ _____
- ☐ _____
- ☐ _____

NOTES
- ☐ _____
- ☐ _____
- ☐ _____
- ☐ _____
- ☐ _____

THURSDAY

TO-DO LIST

- [ ]
- [ ]
- [ ]
- [ ]
- [ ]

NOTES

- [ ]
- [ ]
- [ ]
- [ ]
- [ ]

FRIDAY

TO-DO LIST

- [ ]
- [ ]
- [ ]
- [ ]
- [ ]

NOTES

- [ ]
- [ ]
- [ ]
- [ ]
- [ ]

SATURDAY

TO-DO LIST

- [ ]
- [ ]
- [ ]
- [ ]
- [ ]

NOTES

- [ ]
- [ ]
- [ ]
- [ ]
- [ ]

SUNDAY

TO-DO LIST

- [ ]
- [ ]
- [ ]
- [ ]
- [ ]

NOTES

- [ ]
- [ ]
- [ ]
- [ ]
- [ ]

Reflcections

Notes

MONTH:_____

Sunday	Monday	Tuesday	Wednesday

"The way to get started is to quit talking
& begin doing."

- Walt Disney

Thursday	Friday	Saturday	Notes
			_____
			_____
			_____
			_____
			_____

Week of. _____ - _____

WEEKLY GOALS	WEEKLY AFFIRMATION
1. _____	_____
2. _____	_____
3. _____	_____

MONDAY

MOTIVATION RATING
☆ ☆ ☆ ☆ ☆

TO-DO LIST

- [ ] _____
- [ ] _____
- [ ] _____
- [ ] _____
- [ ] _____

NOTES

- [ ] _____
- [ ] _____
- [ ] _____
- [ ] _____
- [ ] _____

TUESDAY

MOTIVATION RATING
☆ ☆ ☆ ☆ ☆

TO-DO LIST

- [ ] _____
- [ ] _____
- [ ] _____
- [ ] _____
- [ ] _____

NOTES

- [ ] _____
- [ ] _____
- [ ] _____
- [ ] _____
- [ ] _____

WEDNESDAY

MOTIVATION RATING
☆ ☆ ☆ ☆ ☆

TO-DO LIST

- [ ] _____
- [ ] _____
- [ ] _____
- [ ] _____
- [ ] _____

NOTES

- [ ] _____
- [ ] _____
- [ ] _____
- [ ] _____
- [ ] _____

THURSDAY

MOTIVATION RATING
☆ ☆ ☆ ☆ ☆

TO-DO LIST

- [ ]
- [ ]
- [ ]
- [ ]
- [ ]

NOTES

- [ ]
- [ ]
- [ ]
- [ ]
- [ ]

FRIDAY

MOTIVATION RATING
☆ ☆ ☆ ☆ ☆

TO-DO LIST

- [ ]
- [ ]
- [ ]
- [ ]
- [ ]

NOTES

- [ ]
- [ ]
- [ ]
- [ ]
- [ ]

SATURDAY

MOTIVATION RATING
☆ ☆ ☆ ☆ ☆

TO-DO LIST

- [ ]
- [ ]
- [ ]
- [ ]
- [ ]

NOTES

- [ ]
- [ ]
- [ ]
- [ ]
- [ ]

SUNDAY

MOTIVATION RATING
☆ ☆ ☆ ☆ ☆

TO-DO LIST

- [ ]
- [ ]
- [ ]
- [ ]
- [ ]

NOTES

- [ ]
- [ ]
- [ ]
- [ ]
- [ ]

Week of: _____ - _____

WEEKLY GOALS	WEEKLY AFFIRMATION
1. _____	_____
2. _____	_____
3. _____	_____

MONDAY

MOTIVATION RATING
☆ ☆ ☆ ☆ ☆

TO-DO LIST

☐ _____
☐ _____
☐ _____
☐ _____
☐ _____

NOTES

☐ _____
☐ _____
☐ _____
☐ _____
☐ _____

TUESDAY

MOTIVATION RATING
☆ ☆ ☆ ☆ ☆

TO-DO LIST

☐ _____
☐ _____
☐ _____
☐ _____
☐ _____

NOTES

☐ _____
☐ _____
☐ _____
☐ _____
☐ _____

WEDNESDAY

MOTIVATION RATING
☆ ☆ ☆ ☆ ☆

TO-DO LIST

☐ _____
☐ _____
☐ _____
☐ _____
☐ _____

NOTES

☐ _____
☐ _____
☐ _____
☐ _____
☐ _____

THURSDAY

TO-DO LIST

☐ _____
☐ _____
☐ _____
☐ _____
☐ _____

NOTES

☐ _____
☐ _____
☐ _____
☐ _____
☐ _____

FRIDAY

TO-DO LIST

☐ _____
☐ _____
☐ _____
☐ _____
☐ _____

NOTES

☐ _____
☐ _____
☐ _____
☐ _____
☐ _____

SATURDAY

TO-DO LIST

☐ _____
☐ _____
☐ _____
☐ _____
☐ _____

NOTES

☐ _____
☐ _____
☐ _____
☐ _____
☐ _____

SUNDAY

TO-DO LIST

☐ _____
☐ _____
☐ _____
☐ _____
☐ _____

NOTES

☐ _____
☐ _____
☐ _____
☐ _____
☐ _____

Week of: _____ - _____

WEEKLY GOALS	WEEKLY AFFIRMATION

1. _____
2. _____
3. _____

_____
_____
_____

MONDAY

MOTIVATION RATING
☆ ☆ ☆ ☆ ☆

TO-DO LIST

- ☐ _____
- ☐ _____
- ☐ _____
- ☐ _____
- ☐ _____

NOTES

- ☐ _____
- ☐ _____
- ☐ _____
- ☐ _____
- ☐ _____

TUESDAY

MOTIVATION RATING
☆ ☆ ☆ ☆ ☆

TO-DO LIST

- ☐ _____
- ☐ _____
- ☐ _____
- ☐ _____
- ☐ _____

NOTES

- ☐ _____
- ☐ _____
- ☐ _____
- ☐ _____
- ☐ _____

WEDNESDAY

MOTIVATION RATING
☆ ☆ ☆ ☆ ☆

TO-DO LIST

- ☐ _____
- ☐ _____
- ☐ _____
- ☐ _____
- ☐ _____

NOTES

- ☐ _____
- ☐ _____
- ☐ _____
- ☐ _____
- ☐ _____

THURSDAY

☆ ☆ ☆ ☆ ☆

TO-DO LIST

- [ ] _____
- [ ] _____
- [ ] _____
- [ ] _____
- [ ] _____

NOTES

- [ ] _____
- [ ] _____
- [ ] _____
- [ ] _____
- [ ] _____

FRIDAY

MOTIVATION RATING
☆ ☆ ☆ ☆ ☆

TO-DO LIST

- [ ] _____
- [ ] _____
- [ ] _____
- [ ] _____
- [ ] _____

NOTES

- [ ] _____
- [ ] _____
- [ ] _____
- [ ] _____
- [ ] _____

SATURDAY

MOTIVATION RATING
☆ ☆ ☆ ☆ ☆

TO-DO LIST

- [ ] _____
- [ ] _____
- [ ] _____
- [ ] _____
- [ ] _____

NOTES

- [ ] _____
- [ ] _____
- [ ] _____
- [ ] _____
- [ ] _____

SUNDAY

MOTIVATION RATING
☆ ☆ ☆ ☆ ☆

TO-DO LIST

- [ ] _____
- [ ] _____
- [ ] _____
- [ ] _____
- [ ] _____

NOTES

- [ ] _____
- [ ] _____
- [ ] _____
- [ ] _____
- [ ] _____

Week of: _____ - _____

<table>
<tr><td>WEEKLY GOALS</td><td>WEEKLY AFFIRMATION</td></tr>
</table>

WEEKLY GOALS

1. _____
2. _____
3. _____

WEEKLY AFFIRMATION

_____

_____

_____

MONDAY

MOTIVATION RATING
☆ ☆ ☆ ☆ ☆

TO-DO LIST

- ☐ _____
- ☐ _____
- ☐ _____
- ☐ _____
- ☐ _____

NOTES

- ☐ _____
- ☐ _____
- ☐ _____
- ☐ _____
- ☐ _____

TUESDAY

MOTIVATION RATING
☆ ☆ ☆ ☆ ☆

TO-DO LIST

- ☐ _____
- ☐ _____
- ☐ _____
- ☐ _____
- ☐ _____

NOTES

- ☐ _____
- ☐ _____
- ☐ _____
- ☐ _____
- ☐ _____

WEDNESDAY

MOTIVATION RATING
☆ ☆ ☆ ☆ ☆

TO-DO LIST

- ☐ _____
- ☐ _____
- ☐ _____
- ☐ _____
- ☐ _____

NOTES

- ☐ _____
- ☐ _____
- ☐ _____
- ☐ _____
- ☐ _____

THURSDAY

TO-DO LIST

- ☐ _____
- ☐ _____
- ☐ _____
- ☐ _____
- ☐ _____

NOTES

- ☐ _____
- ☐ _____
- ☐ _____
- ☐ _____
- ☐ _____

FRIDAY

TO-DO LIST

- ☐ _____
- ☐ _____
- ☐ _____
- ☐ _____
- ☐ _____

NOTES

- ☐ _____
- ☐ _____
- ☐ _____
- ☐ _____
- ☐ _____

SATURDAY

TO-DO LIST

- ☐ _____
- ☐ _____
- ☐ _____
- ☐ _____
- ☐ _____

NOTES

- ☐ _____
- ☐ _____
- ☐ _____
- ☐ _____
- ☐ _____

SUNDAY

TO-DO LIST

- ☐ _____
- ☐ _____
- ☐ _____
- ☐ _____
- ☐ _____

NOTES

- ☐ _____
- ☐ _____
- ☐ _____
- ☐ _____
- ☐ _____

Week of. _____ - _____

WEEKLY GOALS	WEEKLY AFFIRMATION

WEEKLY GOALS

1. _____
2. _____
3. _____

WEEKLY AFFIRMATION

_____
_____
_____

MONDAY

MOTIVATION RATING
☆ ☆ ☆ ☆ ☆

TO-DO LIST

☐ _____
☐ _____
☐ _____
☐ _____
☐ _____

NOTES

☐ _____
☐ _____
☐ _____
☐ _____
☐ _____

TUESDAY

MOTIVATION RATING
☆ ☆ ☆ ☆ ☆

TO-DO LIST

☐ _____
☐ _____
☐ _____
☐ _____
☐ _____

NOTES

☐ _____
☐ _____
☐ _____
☐ _____
☐ _____

WEDNESDAY

MOTIVATION RATING
☆ ☆ ☆ ☆ ☆

TO-DO LIST

☐ _____
☐ _____
☐ _____
☐ _____
☐ _____

NOTES

☐ _____
☐ _____
☐ _____
☐ _____
☐ _____

THURSDAY

MOTIVATION RATING
☆ ☆ ☆ ☆ ☆

TO-DO LIST

- ☐ _____
- ☐ _____
- ☐ _____
- ☐ _____
- ☐ _____

NOTES

- ☐ _____
- ☐ _____
- ☐ _____
- ☐ _____
- ☐ _____

FRIDAY

MOTIVATION RATING
☆ ☆ ☆ ☆ ☆

TO-DO LIST

- ☐ _____
- ☐ _____
- ☐ _____
- ☐ _____
- ☐ _____

NOTES

- ☐ _____
- ☐ _____
- ☐ _____
- ☐ _____
- ☐ _____

SATURDAY

MOTIVATION RATING
☆ ☆ ☆ ☆ ☆

TO-DO LIST

- ☐ _____
- ☐ _____
- ☐ _____
- ☐ _____
- ☐ _____

NOTES

- ☐ _____
- ☐ _____
- ☐ _____
- ☐ _____
- ☐ _____

SUNDAY

MOTIVATION RATING
☆ ☆ ☆ ☆ ☆

TO-DO LIST

- ☐ _____
- ☐ _____
- ☐ _____
- ☐ _____
- ☐ _____

NOTES

- ☐ _____
- ☐ _____
- ☐ _____
- ☐ _____
- ☐ _____

Reflcections

Notes

MONTH:_____

Sunday	Monday	Tuesday	Wednesday

Thursday	Friday	Saturday	Notes
			_____
			_____
			_____
			_____
			_____
			_____
			_____
			_____
			_____
			_____
			_____
			_____
			_____
			_____
			_____
			_____
			_____
			_____

Week of: _____ - _____

WEEKLY GOALS	WEEKLY AFFIRMATION
1. _____	_____
2. _____	_____
3. _____	_____

MONDAY

MOTIVATION RATING
☆ ☆ ☆ ☆ ☆

TO-DO LIST
- ☐ _____
- ☐ _____
- ☐ _____
- ☐ _____
- ☐ _____

NOTES
- ☐ _____
- ☐ _____
- ☐ _____
- ☐ _____
- ☐ _____

TUESDAY

MOTIVATION RATING
☆ ☆ ☆ ☆ ☆

TO-DO LIST
- ☐ _____
- ☐ _____
- ☐ _____
- ☐ _____
- ☐ _____

NOTES
- ☐ _____
- ☐ _____
- ☐ _____
- ☐ _____
- ☐ _____

WEDNESDAY

MOTIVATION RATING
☆ ☆ ☆ ☆ ☆

TO-DO LIST
- ☐ _____
- ☐ _____
- ☐ _____
- ☐ _____
- ☐ _____

NOTES
- ☐ _____
- ☐ _____
- ☐ _____
- ☐ _____
- ☐ _____

THURSDAY

MOTIVATION RATING
☆ ☆ ☆ ☆ ☆

TO-DO LIST

- [ ]
- [ ]
- [ ]
- [ ]
- [ ]

NOTES

- [ ]
- [ ]
- [ ]
- [ ]
- [ ]

FRIDAY

MOTIVATION RATING
☆ ☆ ☆ ☆ ☆

TO-DO LIST

- [ ]
- [ ]
- [ ]
- [ ]
- [ ]

NOTES

- [ ]
- [ ]
- [ ]
- [ ]
- [ ]

SATURDAY

MOTIVATION RATING
☆ ☆ ☆ ☆ ☆

TO-DO LIST

- [ ]
- [ ]
- [ ]
- [ ]
- [ ]

NOTES

- [ ]
- [ ]
- [ ]
- [ ]
- [ ]

SUNDAY

MOTIVATION RATING
☆ ☆ ☆ ☆ ☆

TO-DO LIST

- [ ]
- [ ]
- [ ]
- [ ]
- [ ]

NOTES

- [ ]
- [ ]
- [ ]
- [ ]
- [ ]

Week of: _____ -

WEEKLY GOALS	WEEKLY AFFIRMATION
1. _____	_____
2. _____	_____
3. _____	_____

MONDAY

MOTIVATION RATING
☆ ☆ ☆ ☆ ☆

TO-DO LIST

☐ _____
☐ _____
☐ _____
☐ _____
☐ _____

NOTES

☐ _____
☐ _____
☐ _____
☐ _____
☐ _____

TUESDAY

MOTIVATION RATING
☆ ☆ ☆ ☆ ☆

TO-DO LIST

☐ _____
☐ _____
☐ _____
☐ _____
☐ _____

NOTES

☐ _____
☐ _____
☐ _____
☐ _____
☐ _____

WEDNESDAY

MOTIVATION RATING
☆ ☆ ☆ ☆ ☆

TO-DO LIST

☐ _____
☐ _____
☐ _____
☐ _____
☐ _____

NOTES

☐ _____
☐ _____
☐ _____
☐ _____
☐ _____

THURSDAY

MOTIVATION RATING
☆ ☆ ☆ ☆ ☆

TO-DO LIST

- ☐ _____
- ☐ _____
- ☐ _____
- ☐ _____
- ☐ _____

NOTES

- ☐ _____
- ☐ _____
- ☐ _____
- ☐ _____
- ☐ _____

FRIDAY

MOTIVATION RATING
☆ ☆ ☆ ☆ ☆

TO-DO LIST

- ☐ _____
- ☐ _____
- ☐ _____
- ☐ _____
- ☐ _____

NOTES

- ☐ _____
- ☐ _____
- ☐ _____
- ☐ _____
- ☐ _____

SATURDAY

MOTIVATION RATING
☆ ☆ ☆ ☆ ☆

TO-DO LIST

- ☐ _____
- ☐ _____
- ☐ _____
- ☐ _____
- ☐ _____

NOTES

- ☐ _____
- ☐ _____
- ☐ _____
- ☐ _____
- ☐ _____

SUNDAY

MOTIVATION RATING
☆ ☆ ☆ ☆ ☆

TO-DO LIST

- ☐ _____
- ☐ _____
- ☐ _____
- ☐ _____
- ☐ _____

NOTES

- ☐ _____
- ☐ _____
- ☐ _____
- ☐ _____
- ☐ _____

Week of: _____ - _____

WEEKLY GOALS	WEEKLY AFFIRMATION
1. _____	_____
2. _____	_____
3. _____	_____

MONDAY

MOTIVATION RATING
☆ ☆ ☆ ☆ ☆

TO-DO LIST
- ☐ _____
- ☐ _____
- ☐ _____
- ☐ _____
- ☐ _____

NOTES
- ☐ _____
- ☐ _____
- ☐ _____
- ☐ _____
- ☐ _____

TUESDAY

MOTIVATION RATING
☆ ☆ ☆ ☆ ☆

TO-DO LIST
- ☐ _____
- ☐ _____
- ☐ _____
- ☐ _____
- ☐ _____

NOTES
- ☐ _____
- ☐ _____
- ☐ _____
- ☐ _____
- ☐ _____

WEDNESDAY

MOTIVATION RATING
☆ ☆ ☆ ☆ ☆

TO-DO LIST
- ☐ _____
- ☐ _____
- ☐ _____
- ☐ _____
- ☐ _____

NOTES
- ☐ _____
- ☐ _____
- ☐ _____
- ☐ _____
- ☐ _____

THURSDAY

TO-DO LIST

- ☐ _____
- ☐ _____
- ☐ _____
- ☐ _____
- ☐ _____

NOTES

- ☐ _____
- ☐ _____
- ☐ _____
- ☐ _____
- ☐ _____

FRIDAY

TO-DO LIST

- ☐ _____
- ☐ _____
- ☐ _____
- ☐ _____
- ☐ _____

NOTES

- ☐ _____
- ☐ _____
- ☐ _____
- ☐ _____
- ☐ _____

SATURDAY

TO-DO LIST

- ☐ _____
- ☐ _____
- ☐ _____
- ☐ _____
- ☐ _____

NOTES

- ☐ _____
- ☐ _____
- ☐ _____
- ☐ _____
- ☐ _____

SUNDAY

TO-DO LIST

- ☐ _____
- ☐ _____
- ☐ _____
- ☐ _____
- ☐ _____

NOTES

- ☐ _____
- ☐ _____
- ☐ _____
- ☐ _____
- ☐ _____

Week of: _____ - _____

WEEKLY GOALS

1. _____
2. _____
3. _____

WEEKLY AFFIRMATION

_____
_____
_____

MONDAY

MOTIVATION RATING
☆ ☆ ☆ ☆ ☆

TO-DO LIST
- ☐ _____
- ☐ _____
- ☐ _____
- ☐ _____
- ☐ _____

NOTES
- ☐ _____
- ☐ _____
- ☐ _____
- ☐ _____
- ☐ _____

TUESDAY

MOTIVATION RATING
☆ ☆ ☆ ☆ ☆

TO-DO LIST
- ☐ _____
- ☐ _____
- ☐ _____
- ☐ _____
- ☐ _____

NOTES
- ☐ _____
- ☐ _____
- ☐ _____
- ☐ _____
- ☐ _____

WEDNESDAY

MOTIVATION RATING
☆ ☆ ☆ ☆ ☆

TO-DO LIST
- ☐ _____
- ☐ _____
- ☐ _____
- ☐ _____
- ☐ _____

NOTES
- ☐ _____
- ☐ _____
- ☐ _____
- ☐ _____
- ☐ _____

THURSDAY

MOTIVATION RATING
☆ ☆ ☆ ☆ ☆

TO-DO LIST

- ☐ _____
- ☐ _____
- ☐ _____
- ☐ _____
- ☐ _____

NOTES

- ☐ _____
- ☐ _____
- ☐ _____
- ☐ _____
- ☐ _____

FRIDAY

MOTIVATION RATING
☆ ☆ ☆ ☆ ☆

TO-DO LIST

- ☐ _____
- ☐ _____
- ☐ _____
- ☐ _____
- ☐ _____

NOTES

- ☐ _____
- ☐ _____
- ☐ _____
- ☐ _____
- ☐ _____

SATURDAY

MOTIVATION RATING
☆ ☆ ☆ ☆ ☆

TO-DO LIST

- ☐ _____
- ☐ _____
- ☐ _____
- ☐ _____
- ☐ _____

NOTES

- ☐ _____
- ☐ _____
- ☐ _____
- ☐ _____
- ☐ _____

SUNDAY

MOTIVATION RATING
☆ ☆ ☆ ☆ ☆

TO-DO LIST

- ☐ _____
- ☐ _____
- ☐ _____
- ☐ _____
- ☐ _____

NOTES

- ☐ _____
- ☐ _____
- ☐ _____
- ☐ _____
- ☐ _____

Week of: _____ - _____

WEEKLY GOALS	WEEKLY AFFIRMATION
1. _____	_____
2. _____	_____
3. _____	_____

MONDAY

MOTIVATION RATING
☆ ☆ ☆ ☆ ☆

TO-DO LIST

- ☐ _____
- ☐ _____
- ☐ _____
- ☐ _____
- ☐ _____

NOTES

- ☐ _____
- ☐ _____
- ☐ _____
- ☐ _____
- ☐ _____

TUESDAY

MOTIVATION RATING
☆ ☆ ☆ ☆ ☆

TO-DO LIST

- ☐ _____
- ☐ _____
- ☐ _____
- ☐ _____
- ☐ _____

NOTES

- ☐ _____
- ☐ _____
- ☐ _____
- ☐ _____
- ☐ _____

WEDNESDAY

MOTIVATION RATING
☆ ☆ ☆ ☆ ☆

TO-DO LIST

- ☐ _____
- ☐ _____
- ☐ _____
- ☐ _____
- ☐ _____

NOTES

- ☐ _____
- ☐ _____
- ☐ _____
- ☐ _____
- ☐ _____

THURSDAY

TO-DO LIST

- [ ] _____
- [ ] _____
- [ ] _____
- [ ] _____
- [ ] _____

NOTES

- [ ] _____
- [ ] _____
- [ ] _____
- [ ] _____
- [ ] _____

FRIDAY

TO-DO LIST

- [ ] _____
- [ ] _____
- [ ] _____
- [ ] _____
- [ ] _____

NOTES

- [ ] _____
- [ ] _____
- [ ] _____
- [ ] _____
- [ ] _____

SATURDAY

TO-DO LIST

- [ ] _____
- [ ] _____
- [ ] _____
- [ ] _____
- [ ] _____

NOTES

- [ ] _____
- [ ] _____
- [ ] _____
- [ ] _____
- [ ] _____

SUNDAY

TO-DO LIST

- [ ] _____
- [ ] _____
- [ ] _____
- [ ] _____
- [ ] _____

NOTES

- [ ] _____
- [ ] _____
- [ ] _____
- [ ] _____
- [ ] _____

Reflcections

Notes

MONTH:_____

Sunday	Monday	Tuesday	Wednesday

Thursday	Friday	Saturday	Notes
			_____
			_____
			_____
			_____
			_____
			_____
			_____
			_____
			_____
			_____
			_____
			_____
			_____
			_____
			_____
			_____
			_____
			_____
			_____
			_____

Week of: _____ -

WEEKLY GOALS	WEEKLY AFFIRMATION
1. _____	_____
2. _____	_____
3. _____	_____

MONDAY

MOTIVATION RATING
☆ ☆ ☆ ☆ ☆

TO-DO LIST

☐ _____
☐ _____
☐ _____
☐ _____
☐ _____

NOTES

☐ _____
☐ _____
☐ _____
☐ _____
☐ _____

TUESDAY

MOTIVATION RATING
☆ ☆ ☆ ☆ ☆

TO-DO LIST

☐ _____
☐ _____
☐ _____
☐ _____
☐ _____

NOTES

☐ _____
☐ _____
☐ _____
☐ _____
☐ _____

WEDNESDAY

MOTIVATION RATING
☆ ☆ ☆ ☆ ☆

TO-DO LIST

☐ _____
☐ _____
☐ _____
☐ _____
☐ _____

NOTES

☐ _____
☐ _____
☐ _____
☐ _____
☐ _____

THURSDAY

MOTIVATION RATING
☆ ☆ ☆ ☆ ☆

TO-DO LIST

☐ _____
☐ _____
☐ _____
☐ _____
☐ _____

NOTES

☐ _____
☐ _____
☐ _____
☐ _____
☐ _____

FRIDAY

MOTIVATION RATING
☆ ☆ ☆ ☆ ☆

TO-DO LIST

☐ _____
☐ _____
☐ _____
☐ _____
☐ _____

NOTES

☐ _____
☐ _____
☐ _____
☐ _____
☐ _____

SATURDAY

MOTIVATION RATING
☆ ☆ ☆ ☆ ☆

TO-DO LIST

☐ _____
☐ _____
☐ _____
☐ _____
☐ _____

NOTES

☐ _____
☐ _____
☐ _____
☐ _____
☐ _____

SUNDAY

MOTIVATION RATING
☆ ☆ ☆ ☆ ☆

TO-DO LIST

☐ _____
☐ _____
☐ _____
☐ _____
☐ _____

NOTES

☐ _____
☐ _____
☐ _____
☐ _____
☐ _____

Week of: _____ - _____

WEEKLY GOALS	WEEKLY AFFIRMATION

WEEKLY GOALS

1. _____
2. _____
3. _____

WEEKLY AFFIRMATION

_____
_____
_____

MONDAY

MOTIVATION RATING
☆ ☆ ☆ ☆ ☆

TO-DO LIST

- [ ] _____
- [ ] _____
- [ ] _____
- [ ] _____
- [ ] _____

NOTES

- [ ] _____
- [ ] _____
- [ ] _____
- [ ] _____
- [ ] _____

TUESDAY

MOTIVATION RATING
☆ ☆ ☆ ☆ ☆

TO-DO LIST

- [ ] _____
- [ ] _____
- [ ] _____
- [ ] _____
- [ ] _____

NOTES

- [ ] _____
- [ ] _____
- [ ] _____
- [ ] _____
- [ ] _____

WEDNESDAY

MOTIVATION RATING
☆ ☆ ☆ ☆ ☆

TO-DO LIST

- [ ] _____
- [ ] _____
- [ ] _____
- [ ] _____
- [ ] _____

NOTES

- [ ] _____
- [ ] _____
- [ ] _____
- [ ] _____
- [ ] _____

THURSDAY

TO-DO LIST

- ☐ _____
- ☐ _____
- ☐ _____
- ☐ _____
- ☐ _____

NOTES

- ☐ _____
- ☐ _____
- ☐ _____
- ☐ _____
- ☐ _____

FRIDAY

TO-DO LIST

- ☐ _____
- ☐ _____
- ☐ _____
- ☐ _____
- ☐ _____

NOTES

- ☐ _____
- ☐ _____
- ☐ _____
- ☐ _____
- ☐ _____

SATURDAY

TO-DO LIST

- ☐ _____
- ☐ _____
- ☐ _____
- ☐ _____
- ☐ _____

NOTES

- ☐ _____
- ☐ _____
- ☐ _____
- ☐ _____
- ☐ _____

SUNDAY

TO-DO LIST

- ☐ _____
- ☐ _____
- ☐ _____
- ☐ _____
- ☐ _____

NOTES

- ☐ _____
- ☐ _____
- ☐ _____
- ☐ _____
- ☐ _____

Week of: _____ - _____

WEEKLY GOALS

1. _____
2. _____
3. _____

WEEKLY AFFIRMATION

_____

_____

_____

MONDAY

MOTIVATION RATING
☆ ☆ ☆ ☆ ☆

TO-DO LIST

- ☐ _____
- ☐ _____
- ☐ _____
- ☐ _____
- ☐ _____

NOTES

- ☐ _____
- ☐ _____
- ☐ _____
- ☐ _____
- ☐ _____

TUESDAY

MOTIVATION RATING
☆ ☆ ☆ ☆ ☆

TO-DO LIST

- ☐ _____
- ☐ _____
- ☐ _____
- ☐ _____
- ☐ _____

NOTES

- ☐ _____
- ☐ _____
- ☐ _____
- ☐ _____
- ☐ _____

WEDNESDAY

MOTIVATION RATING
☆ ☆ ☆ ☆ ☆

TO-DO LIST

- ☐ _____
- ☐ _____
- ☐ _____
- ☐ _____
- ☐ _____

NOTES

- ☐ _____
- ☐ _____
- ☐ _____
- ☐ _____
- ☐ _____

THURSDAY

TO-DO LIST

NOTES

☐ _____
☐ _____
☐ _____
☐ _____
☐ _____

☐ _____
☐ _____
☐ _____
☐ _____
☐ _____

FRIDAY

TO-DO LIST

NOTES

☐ _____
☐ _____
☐ _____
☐ _____
☐ _____

☐ _____
☐ _____
☐ _____
☐ _____
☐ _____

SATURDAY

TO-DO LIST

NOTES

☐ _____
☐ _____
☐ _____
☐ _____
☐ _____

☐ _____
☐ _____
☐ _____
☐ _____
☐ _____

SUNDAY

TO-DO LIST

NOTES

☐ _____
☐ _____
☐ _____
☐ _____
☐ _____

☐ _____
☐ _____
☐ _____
☐ _____
☐ _____

Week of: _____ - _____

WEEKLY GOALS	WEEKLY AFFIRMATION

WEEKLY GOALS

1. _____
2. _____
3. _____

WEEKLY AFFIRMATION

_____
_____
_____

MONDAY

MOTIVATION RATING
☆ ☆ ☆ ☆ ☆

TO-DO LIST

☐ _____
☐ _____
☐ _____
☐ _____
☐ _____

NOTES

☐ _____
☐ _____
☐ _____
☐ _____
☐ _____

TUESDAY

MOTIVATION RATING
☆ ☆ ☆ ☆ ☆

TO-DO LIST

☐ _____
☐ _____
☐ _____
☐ _____
☐ _____

NOTES

☐ _____
☐ _____
☐ _____
☐ _____
☐ _____

WEDNESDAY

MOTIVATION RATING
☆ ☆ ☆ ☆ ☆

TO-DO LIST

☐ _____
☐ _____
☐ _____
☐ _____
☐ _____

NOTES

☐ _____
☐ _____
☐ _____
☐ _____
☐ _____

THURSDAY

TO-DO LIST

- ☐ _____
- ☐ _____
- ☐ _____
- ☐ _____
- ☐ _____

NOTES

- ☐ _____
- ☐ _____
- ☐ _____
- ☐ _____
- ☐ _____

FRIDAY

TO-DO LIST

- ☐ _____
- ☐ _____
- ☐ _____
- ☐ _____
- ☐ _____

NOTES

- ☐ _____
- ☐ _____
- ☐ _____
- ☐ _____
- ☐ _____

SATURDAY

TO-DO LIST

- ☐ _____
- ☐ _____
- ☐ _____
- ☐ _____
- ☐ _____

NOTES

- ☐ _____
- ☐ _____
- ☐ _____
- ☐ _____
- ☐ _____

SUNDAY

TO-DO LIST

- ☐ _____
- ☐ _____
- ☐ _____
- ☐ _____
- ☐ _____

NOTES

- ☐ _____
- ☐ _____
- ☐ _____
- ☐ _____
- ☐ _____

Week of. _____ - _____

WEEKLY GOALS	WEEKLY AFFIRMATION
1. _____	_____
2. _____	_____
3. _____	_____

MONDAY

MOTIVATION RATING
☆ ☆ ☆ ☆ ☆

TO-DO LIST
- ☐ _____
- ☐ _____
- ☐ _____
- ☐ _____
- ☐ _____

NOTES
- ☐ _____
- ☐ _____
- ☐ _____
- ☐ _____
- ☐ _____

TUESDAY

MOTIVATION RATING
☆ ☆ ☆ ☆ ☆

TO-DO LIST
- ☐ _____
- ☐ _____
- ☐ _____
- ☐ _____
- ☐ _____

NOTES
- ☐ _____
- ☐ _____
- ☐ _____
- ☐ _____
- ☐ _____

WEDNESDAY

MOTIVATION RATING
☆ ☆ ☆ ☆ ☆

TO-DO LIST
- ☐ _____
- ☐ _____
- ☐ _____
- ☐ _____
- ☐ _____

NOTES
- ☐ _____
- ☐ _____
- ☐ _____
- ☐ _____
- ☐ _____

THURSDAY

TO-DO LIST

☐ _____
☐ _____
☐ _____
☐ _____
☐ _____

NOTES

☐ _____
☐ _____
☐ _____
☐ _____
☐ _____

FRIDAY

TO-DO LIST

☐ _____
☐ _____
☐ _____
☐ _____
☐ _____

NOTES

☐ _____
☐ _____
☐ _____
☐ _____
☐ _____

SATURDAY

TO-DO LIST

☐ _____
☐ _____
☐ _____
☐ _____
☐ _____

NOTES

☐ _____
☐ _____
☐ _____
☐ _____
☐ _____

SUNDAY

TO-DO LIST

☐ _____
☐ _____
☐ _____
☐ _____
☐ _____

NOTES

☐ _____
☐ _____
☐ _____
☐ _____
☐ _____

Reflcections

Notes

MONTH:_____

Sunday	Monday	Tuesday	Wednesday

I have not failed. I've just found 10,000 ways that won't work.

– Thomas Edison

Thursday	Friday	Saturday	Notes
			_____
			_____
			_____
			_____
			_____
			_____
			_____
			_____
			_____
			_____
			_____
			_____
			_____
			_____
			_____
			_____
			_____
			_____
			_____
			_____

Week of: _____ - _____

WEEKLY GOALS	WEEKLY AFFIRMATION
1. _____	_____
2. _____	_____
3. _____	_____

MONDAY

MOTIVATION RATING
☆ ☆ ☆ ☆ ☆

TO-DO LIST

- [ ] _____
- [ ] _____
- [ ] _____
- [ ] _____
- [ ] _____

NOTES

- [ ] _____
- [ ] _____
- [ ] _____
- [ ] _____
- [ ] _____

TUESDAY

MOTIVATION RATING
☆ ☆ ☆ ☆ ☆

TO-DO LIST

- [ ] _____
- [ ] _____
- [ ] _____
- [ ] _____
- [ ] _____

NOTES

- [ ] _____
- [ ] _____
- [ ] _____
- [ ] _____
- [ ] _____

WEDNESDAY

MOTIVATION RATING
☆ ☆ ☆ ☆ ☆

TO-DO LIST

- [ ] _____
- [ ] _____
- [ ] _____
- [ ] _____
- [ ] _____

NOTES

- [ ] _____
- [ ] _____
- [ ] _____
- [ ] _____
- [ ] _____

THURSDAY

MOTIVATION RATING
☆ ☆ ☆ ☆ ☆

TO-DO LIST
- ☐ _____
- ☐ _____
- ☐ _____
- ☐ _____
- ☐ _____

NOTES
- ☐ _____
- ☐ _____
- ☐ _____
- ☐ _____
- ☐ _____

FRIDAY

MOTIVATION RATING
☆ ☆ ☆ ☆ ☆

TO-DO LIST
- ☐ _____
- ☐ _____
- ☐ _____
- ☐ _____
- ☐ _____

NOTES
- ☐ _____
- ☐ _____
- ☐ _____
- ☐ _____
- ☐ _____

SATURDAY

MOTIVATION RATING
☆ ☆ ☆ ☆ ☆

TO-DO LIST
- ☐ _____
- ☐ _____
- ☐ _____
- ☐ _____
- ☐ _____

NOTES
- ☐ _____
- ☐ _____
- ☐ _____
- ☐ _____
- ☐ _____

SUNDAY

MOTIVATION RATING
☆ ☆ ☆ ☆ ☆

TO-DO LIST
- ☐ _____
- ☐ _____
- ☐ _____
- ☐ _____
- ☐ _____

NOTES
- ☐ _____
- ☐ _____
- ☐ _____
- ☐ _____
- ☐ _____

Week of: _____ - _____

WEEKLY GOALS	WEEKLY AFFIRMATION
1. _____	_____
2. _____	_____
3. _____	_____

MONDAY

MOTIVATION RATING
☆ ☆ ☆ ☆ ☆

TO-DO LIST
- ☐ _____
- ☐ _____
- ☐ _____
- ☐ _____
- ☐ _____

NOTES
- ☐ _____
- ☐ _____
- ☐ _____
- ☐ _____
- ☐ _____

TUESDAY

MOTIVATION RATING
☆ ☆ ☆ ☆ ☆

TO-DO LIST
- ☐ _____
- ☐ _____
- ☐ _____
- ☐ _____
- ☐ _____

NOTES
- ☐ _____
- ☐ _____
- ☐ _____
- ☐ _____
- ☐ _____

WEDNESDAY

MOTIVATION RATING
☆ ☆ ☆ ☆ ☆

TO-DO LIST
- ☐ _____
- ☐ _____
- ☐ _____
- ☐ _____
- ☐ _____

NOTES
- ☐ _____
- ☐ _____
- ☐ _____
- ☐ _____
- ☐ _____

THURSDAY

TO-DO LIST

☐ _____

☐ _____

☐ _____

☐ _____

☐ _____

NOTES

☐ _____

☐ _____

☐ _____

☐ _____

☐ _____

FRIDAY

TO-DO LIST

☐ _____

☐ _____

☐ _____

☐ _____

☐ _____

NOTES

☐ _____

☐ _____

☐ _____

☐ _____

☐ _____

SATURDAY

TO-DO LIST

☐ _____

☐ _____

☐ _____

☐ _____

☐ _____

NOTES

☐ _____

☐ _____

☐ _____

☐ _____

☐ _____

SUNDAY

TO-DO LIST

☐ _____

☐ _____

☐ _____

☐ _____

☐ _____

NOTES

☐ _____

☐ _____

☐ _____

☐ _____

☐ _____

Week of: _____ - _____

WEEKLY GOALS	WEEKLY AFFIRMATION

WEEKLY GOALS

1. _____
2. _____
3. _____

WEEKLY AFFIRMATION

_____
_____
_____

MONDAY

MOTIVATION RATING
☆ ☆ ☆ ☆ ☆

TO-DO LIST
- ☐ _____
- ☐ _____
- ☐ _____
- ☐ _____
- ☐ _____

NOTES
- ☐ _____
- ☐ _____
- ☐ _____
- ☐ _____
- ☐ _____

TUESDAY

MOTIVATION RATING
☆ ☆ ☆ ☆ ☆

TO-DO LIST
- ☐ _____
- ☐ _____
- ☐ _____
- ☐ _____
- ☐ _____

NOTES
- ☐ _____
- ☐ _____
- ☐ _____
- ☐ _____
- ☐ _____

WEDNESDAY

MOTIVATION RATING
☆ ☆ ☆ ☆ ☆

TO-DO LIST
- ☐ _____
- ☐ _____
- ☐ _____
- ☐ _____
- ☐ _____

NOTES
- ☐ _____
- ☐ _____
- ☐ _____
- ☐ _____
- ☐ _____

THURSDAY

MOTIVATION RATING
☆ ☆ ☆ ☆ ☆ ☆

TO-DO LIST

☐ _____
☐ _____
☐ _____
☐ _____
☐ _____

NOTES

☐ _____
☐ _____
☐ _____
☐ _____
☐ _____

FRIDAY

MOTIVATION RATING
☆ ☆ ☆ ☆ ☆

TO-DO LIST

☐ _____
☐ _____
☐ _____
☐ _____
☐ _____

NOTES

☐ _____
☐ _____
☐ _____
☐ _____
☐ _____

SATURDAY

MOTIVATION RATING
☆ ☆ ☆ ☆ ☆

TO-DO LIST

☐ _____
☐ _____
☐ _____
☐ _____
☐ _____

NOTES

☐ _____
☐ _____
☐ _____
☐ _____
☐ _____

SUNDAY

MOTIVATION RATING
☆ ☆ ☆ ☆ ☆

TO-DO LIST

☐ _____
☐ _____
☐ _____
☐ _____
☐ _____

NOTES

☐ _____
☐ _____
☐ _____
☐ _____
☐ _____

Week of: _____ - _____

WEEKLY GOALS	WEEKLY AFFIRMATION
1. _____	_____
2. _____	_____
3. _____	_____

MONDAY

MOTIVATION RATING
☆ ☆ ☆ ☆ ☆

TO-DO LIST

- ☐ _____
- ☐ _____
- ☐ _____
- ☐ _____
- ☐ _____

NOTES

- ☐ _____
- ☐ _____
- ☐ _____
- ☐ _____
- ☐ _____

TUESDAY

MOTIVATION RATING
☆ ☆ ☆ ☆ ☆

TO-DO LIST

- ☐ _____
- ☐ _____
- ☐ _____
- ☐ _____
- ☐ _____

NOTES

- ☐ _____
- ☐ _____
- ☐ _____
- ☐ _____
- ☐ _____

WEDNESDAY

MOTIVATION RATING
☆ ☆ ☆ ☆ ☆

TO-DO LIST

- ☐ _____
- ☐ _____
- ☐ _____
- ☐ _____
- ☐ _____

NOTES

- ☐ _____
- ☐ _____
- ☐ _____
- ☐ _____
- ☐ _____

THURSDAY

MOTIVATION RATING
☆ ☆ ☆ ☆ ☆

TO-DO LIST

- ☐
- ☐
- ☐
- ☐
- ☐

NOTES

- ☐
- ☐
- ☐
- ☐
- ☐

FRIDAY

MOTIVATION RATING
☆ ☆ ☆ ☆ ☆

TO-DO LIST

- ☐
- ☐
- ☐
- ☐
- ☐

NOTES

- ☐
- ☐
- ☐
- ☐
- ☐

SATURDAY

MOTIVATION RATING
☆ ☆ ☆ ☆ ☆

TO-DO LIST

- ☐
- ☐
- ☐
- ☐
- ☐

NOTES

- ☐
- ☐
- ☐
- ☐
- ☐

SUNDAY

MOTIVATION RATING
☆ ☆ ☆ ☆ ☆

TO-DO LIST

- ☐
- ☐
- ☐
- ☐
- ☐

NOTES

- ☐
- ☐
- ☐
- ☐
- ☐

Week of: _____ - _____

WEEKLY GOALS	WEEKLY AFFIRMATION

WEEKLY GOALS

1. _____
2. _____
3. _____

WEEKLY AFFIRMATION

_____

_____

_____

MONDAY

MOTIVATION RATING
☆ ☆ ☆ ☆ ☆

TO-DO LIST

☐ _____
☐ _____
☐ _____
☐ _____
☐ _____

NOTES

☐ _____
☐ _____
☐ _____
☐ _____
☐ _____

TUESDAY

MOTIVATION RATING
☆ ☆ ☆ ☆ ☆

TO-DO LIST

☐ _____
☐ _____
☐ _____
☐ _____
☐ _____

NOTES

☐ _____
☐ _____
☐ _____
☐ _____
☐ _____

WEDNESDAY

MOTIVATION RATING
☆ ☆ ☆ ☆ ☆

TO-DO LIST

☐ _____
☐ _____
☐ _____
☐ _____
☐ _____

NOTES

☐ _____
☐ _____
☐ _____
☐ _____
☐ _____

THURSDAY

TO-DO LIST
- ☐ _____
- ☐ _____
- ☐ _____
- ☐ _____
- ☐ _____

NOTES
- ☐ _____
- ☐ _____
- ☐ _____
- ☐ _____
- ☐ _____

FRIDAY

TO-DO LIST
- ☐ _____
- ☐ _____
- ☐ _____
- ☐ _____
- ☐ _____

NOTES
- ☐ _____
- ☐ _____
- ☐ _____
- ☐ _____
- ☐ _____

SATURDAY

TO-DO LIST
- ☐ _____
- ☐ _____
- ☐ _____
- ☐ _____
- ☐ _____

NOTES
- ☐ _____
- ☐ _____
- ☐ _____
- ☐ _____
- ☐ _____

SUNDAY

TO-DO LIST
- ☐ _____
- ☐ _____
- ☐ _____
- ☐ _____
- ☐ _____

NOTES
- ☐ _____
- ☐ _____
- ☐ _____
- ☐ _____
- ☐ _____

Reflcections

Notes

_____
_____
_____
_____
_____
_____
_____
_____
_____
_____
_____
_____
_____
_____
_____
_____
_____
_____
_____
_____
_____
_____
_____
_____
_____
_____
_____
_____

MONTH:_____

Sunday	Monday	Tuesday	Wednesday

> "Never give up on a dream, just because of the time
> it will take to accomplish it."

- Unknown

Thursday	Friday	Saturday	Notes

Week of. _____ -

WEEKLY GOALS

1. _____
2. _____
3. _____

WEEKLY AFFIRMATION

_____
_____
_____

MONDAY

MOTIVATION RATING
☆ ☆ ☆ ☆ ☆

TO-DO LIST

- ☐ _____
- ☐ _____
- ☐ _____
- ☐ _____
- ☐ _____

NOTES

- ☐ _____
- ☐ _____
- ☐ _____
- ☐ _____
- ☐ _____

TUESDAY

MOTIVATION RATING
☆ ☆ ☆ ☆ ☆

TO-DO LIST

- ☐ _____
- ☐ _____
- ☐ _____
- ☐ _____
- ☐ _____

NOTES

- ☐ _____
- ☐ _____
- ☐ _____
- ☐ _____
- ☐ _____

WEDNESDAY

MOTIVATION RATING
☆ ☆ ☆ ☆ ☆

TO-DO LIST

- ☐ _____
- ☐ _____
- ☐ _____
- ☐ _____
- ☐ _____

NOTES

- ☐ _____
- ☐ _____
- ☐ _____
- ☐ _____
- ☐ _____

THURSDAY

MOTIVATION RATING
☆ ☆ ☆ ☆ ☆

TO-DO LIST

- [ ]
- [ ]
- [ ]
- [ ]
- [ ]

NOTES

- [ ]
- [ ]
- [ ]
- [ ]
- [ ]

FRIDAY

MOTIVATION RATING
☆ ☆ ☆ ☆ ☆

TO-DO LIST

- [ ]
- [ ]
- [ ]
- [ ]
- [ ]

NOTES

- [ ]
- [ ]
- [ ]
- [ ]
- [ ]

SATURDAY

MOTIVATION RATING
☆ ☆ ☆ ☆ ☆

TO-DO LIST

- [ ]
- [ ]
- [ ]
- [ ]
- [ ]

NOTES

- [ ]
- [ ]
- [ ]
- [ ]
- [ ]

SUNDAY

MOTIVATION RATING
☆ ☆ ☆ ☆ ☆

TO-DO LIST

- [ ]
- [ ]
- [ ]
- [ ]
- [ ]

NOTES

- [ ]
- [ ]
- [ ]
- [ ]
- [ ]

Week of: _____ - _____

WEEKLY GOALS	WEEKLY AFFIRMATION
1. _____	_____
2. _____	_____
3. _____	_____

MONDAY

MOTIVATION RATING
☆ ☆ ☆ ☆ ☆

TO-DO LIST

☐ _____
☐ _____
☐ _____
☐ _____
☐ _____

NOTES

☐ _____
☐ _____
☐ _____
☐ _____
☐ _____

TUESDAY

MOTIVATION RATING
☆ ☆ ☆ ☆ ☆

TO-DO LIST

☐ _____
☐ _____
☐ _____
☐ _____
☐ _____

NOTES

☐ _____
☐ _____
☐ _____
☐ _____
☐ _____

WEDNESDAY

MOTIVATION RATING
☆ ☆ ☆ ☆ ☆

TO-DO LIST

☐ _____
☐ _____
☐ _____
☐ _____
☐ _____

NOTES

☐ _____
☐ _____
☐ _____
☐ _____
☐ _____

THURSDAY

TO-DO LIST

- ☐ _____
- ☐ _____
- ☐ _____
- ☐ _____
- ☐ _____

NOTES

- ☐ _____
- ☐ _____
- ☐ _____
- ☐ _____
- ☐ _____

FRIDAY

TO-DO LIST

- ☐ _____
- ☐ _____
- ☐ _____
- ☐ _____
- ☐ _____

NOTES

- ☐ _____
- ☐ _____
- ☐ _____
- ☐ _____
- ☐ _____

SATURDAY

TO-DO LIST

- ☐ _____
- ☐ _____
- ☐ _____
- ☐ _____
- ☐ _____

NOTES

- ☐ _____
- ☐ _____
- ☐ _____
- ☐ _____
- ☐ _____

SUNDAY

TO-DO LIST

- ☐ _____
- ☐ _____
- ☐ _____
- ☐ _____
- ☐ _____

NOTES

- ☐ _____
- ☐ _____
- ☐ _____
- ☐ _____
- ☐ _____

Week of. _____ - _____

WEEKLY GOALS	WEEKLY AFFIRMATION
1. _____	_____
2. _____	_____
3. _____	_____

MONDAY

MOTIVATION RATING
☆ ☆ ☆ ☆ ☆

TO-DO LIST

- ☐ _____
- ☐ _____
- ☐ _____
- ☐ _____
- ☐ _____

NOTES

- ☐ _____
- ☐ _____
- ☐ _____
- ☐ _____
- ☐ _____

TUESDAY

MOTIVATION RATING
☆ ☆ ☆ ☆ ☆

TO-DO LIST

- ☐ _____
- ☐ _____
- ☐ _____
- ☐ _____
- ☐ _____

NOTES

- ☐ _____
- ☐ _____
- ☐ _____
- ☐ _____
- ☐ _____

WEDNESDAY

MOTIVATION RATING
☆ ☆ ☆ ☆ ☆

TO-DO LIST

- ☐ _____
- ☐ _____
- ☐ _____
- ☐ _____
- ☐ _____

NOTES

- ☐ _____
- ☐ _____
- ☐ _____
- ☐ _____
- ☐ _____

THURSDAY

MOTIVATION RATING
☆ ☆ ☆ ☆ ☆

TO-DO LIST

- [ ]
- [ ]
- [ ]
- [ ]
- [ ]

NOTES

- [ ]
- [ ]
- [ ]
- [ ]
- [ ]

FRIDAY

MOTIVATION RATING
☆ ☆ ☆ ☆ ☆

TO-DO LIST

- [ ]
- [ ]
- [ ]
- [ ]
- [ ]

NOTES

- [ ]
- [ ]
- [ ]
- [ ]
- [ ]

SATURDAY

MOTIVATION RATING
☆ ☆ ☆ ☆ ☆

TO-DO LIST

- [ ]
- [ ]
- [ ]
- [ ]
- [ ]

NOTES

- [ ]
- [ ]
- [ ]
- [ ]
- [ ]

SUNDAY

MOTIVATION RATING
☆ ☆ ☆ ☆ ☆

TO-DO LIST

- [ ]
- [ ]
- [ ]
- [ ]
- [ ]

NOTES

- [ ]
- [ ]
- [ ]
- [ ]
- [ ]

Week of: _____ - _____

WEEKLY GOALS	WEEKLY AFFIRMATION

WEEKLY GOALS

1. _____
2. _____
3. _____

WEEKLY AFFIRMATION

_____

_____

_____

MONDAY

MOTIVATION RATING
☆ ☆ ☆ ☆ ☆

TO-DO LIST

- ☐ _____
- ☐ _____
- ☐ _____
- ☐ _____
- ☐ _____

NOTES

- ☐ _____
- ☐ _____
- ☐ _____
- ☐ _____
- ☐ _____

TUESDAY

MOTIVATION RATING
☆ ☆ ☆ ☆ ☆

TO-DO LIST

- ☐ _____
- ☐ _____
- ☐ _____
- ☐ _____
- ☐ _____

NOTES

- ☐ _____
- ☐ _____
- ☐ _____
- ☐ _____
- ☐ _____

WEDNESDAY

MOTIVATION RATING
☆ ☆ ☆ ☆ ☆

TO-DO LIST

- ☐ _____
- ☐ _____
- ☐ _____
- ☐ _____
- ☐ _____

NOTES

- ☐ _____
- ☐ _____
- ☐ _____
- ☐ _____
- ☐ _____

THURSDAY

MOTIVATION RATING
☆ ☆ ☆ ☆ ☆

TO-DO LIST

- [ ]
- [ ]
- [ ]
- [ ]
- [ ]

NOTES

- [ ]
- [ ]
- [ ]
- [ ]
- [ ]

FRIDAY

MOTIVATION RATING
☆ ☆ ☆ ☆ ☆

TO-DO LIST

- [ ]
- [ ]
- [ ]
- [ ]
- [ ]

NOTES

- [ ]
- [ ]
- [ ]
- [ ]
- [ ]

SATURDAY

MOTIVATION RATING
☆ ☆ ☆ ☆ ☆

TO-DO LIST

- [ ]
- [ ]
- [ ]
- [ ]
- [ ]

NOTES

- [ ]
- [ ]
- [ ]
- [ ]
- [ ]

SUNDAY

MOTIVATION RATING
☆ ☆ ☆ ☆ ☆

TO-DO LIST

- [ ]
- [ ]
- [ ]
- [ ]
- [ ]

NOTES

- [ ]
- [ ]
- [ ]
- [ ]
- [ ]

Week of: _____ - _____

WEEKLY GOALS	WEEKLY AFFIRMATION

WEEKLY GOALS

1. _____
2. _____
3. _____

WEEKLY AFFIRMATION

_____
_____
_____

MONDAY

MOTIVATION RATING
☆ ☆ ☆ ☆ ☆

TO-DO LIST

☐ _____
☐ _____
☐ _____
☐ _____
☐ _____

NOTES

☐ _____
☐ _____
☐ _____
☐ _____
☐ _____

TUESDAY

MOTIVATION RATING
☆ ☆ ☆ ☆ ☆

TO-DO LIST

☐ _____
☐ _____
☐ _____
☐ _____
☐ _____

NOTES

☐ _____
☐ _____
☐ _____
☐ _____
☐ _____

WEDNESDAY

MOTIVATION RATING
☆ ☆ ☆ ☆ ☆

TO-DO LIST

☐ _____
☐ _____
☐ _____
☐ _____
☐ _____

NOTES

☐ _____
☐ _____
☐ _____
☐ _____
☐ _____

THURSDAY

TO-DO LIST

☐ _____
☐ _____
☐ _____
☐ _____
☐ _____

NOTES

☐ _____
☐ _____
☐ _____
☐ _____
☐ _____

FRIDAY

TO-DO LIST

☐ _____
☐ _____
☐ _____
☐ _____
☐ _____

NOTES

☐ _____
☐ _____
☐ _____
☐ _____
☐ _____

SATURDAY

TO-DO LIST

☐ _____
☐ _____
☐ _____
☐ _____
☐ _____

NOTES

☐ _____
☐ _____
☐ _____
☐ _____
☐ _____

SUNDAY

TO-DO LIST

☐ _____
☐ _____
☐ _____
☐ _____
☐ _____

NOTES

☐ _____
☐ _____
☐ _____
☐ _____
☐ _____

Reflcections

Notes

MONTH:_____

Sunday	Monday	Tuesday	Wednesday

Whether you think you can or think you can't, you're right."

- Henry Ford

Thursday	Friday	Saturday	Notes
			_____
			_____
			_____
			_____
			_____
			_____
			_____
			_____
			_____
			_____
			_____
			_____
			_____
			_____
			_____
			_____
			_____
			_____
			_____
			_____

Week of: _____ -

WEEKLY GOALS	WEEKLY AFFIRMATION
1. _____	_____
2. _____	_____
3. _____	_____

MONDAY

MOTIVATION RATING
☆ ☆ ☆ ☆ ☆

TO-DO LIST

☐ _____
☐ _____
☐ _____
☐ _____
☐ _____

NOTES

☐ _____
☐ _____
☐ _____
☐ _____
☐ _____

TUESDAY

MOTIVATION RATING
☆ ☆ ☆ ☆ ☆

TO-DO LIST

☐ _____
☐ _____
☐ _____
☐ _____
☐ _____

NOTES

☐ _____
☐ _____
☐ _____
☐ _____
☐ _____

WEDNESDAY

MOTIVATION RATING
☆ ☆ ☆ ☆ ☆

TO-DO LIST

☐ _____
☐ _____
☐ _____
☐ _____
☐ _____

NOTES

☐ _____
☐ _____
☐ _____
☐ _____
☐ _____

THURSDAY

TO-DO LIST

☐ _____
☐ _____
☐ _____
☐ _____
☐ _____

NOTES

☐ _____
☐ _____
☐ _____
☐ _____
☐ _____

FRIDAY

TO-DO LIST

☐ _____
☐ _____
☐ _____
☐ _____
☐ _____

NOTES

☐ _____
☐ _____
☐ _____
☐ _____
☐ _____

SATURDAY

TO-DO LIST

☐ _____
☐ _____
☐ _____
☐ _____
☐ _____

NOTES

☐ _____
☐ _____
☐ _____
☐ _____
☐ _____

SUNDAY

TO-DO LIST

☐ _____
☐ _____
☐ _____
☐ _____
☐ _____

NOTES

☐ _____
☐ _____
☐ _____
☐ _____
☐ _____

Week of: _____ - _____

WEEKLY GOALS	WEEKLY AFFIRMATION

WEEKLY GOALS

1. _____
2. _____
3. _____

WEEKLY AFFIRMATION

_____

_____

_____

MONDAY

MOTIVATION RATING
☆ ☆ ☆ ☆ ☆

TO-DO LIST

- ☐ _____
- ☐ _____
- ☐ _____
- ☐ _____
- ☐ _____

NOTES

- ☐ _____
- ☐ _____
- ☐ _____
- ☐ _____
- ☐ _____

TUESDAY

MOTIVATION RATING
☆ ☆ ☆ ☆ ☆

TO-DO LIST

- ☐ _____
- ☐ _____
- ☐ _____
- ☐ _____
- ☐ _____

NOTES

- ☐ _____
- ☐ _____
- ☐ _____
- ☐ _____
- ☐ _____

WEDNESDAY

MOTIVATION RATING
☆ ☆ ☆ ☆ ☆

TO-DO LIST

- ☐ _____
- ☐ _____
- ☐ _____
- ☐ _____
- ☐ _____

NOTES

- ☐ _____
- ☐ _____
- ☐ _____
- ☐ _____
- ☐ _____

THURSDAY

TO-DO LIST

☐ _____
☐ _____
☐ _____
☐ _____
☐ _____

NOTES

☐ _____
☐ _____
☐ _____
☐ _____
☐ _____

FRIDAY

TO-DO LIST

☐ _____
☐ _____
☐ _____
☐ _____
☐ _____

NOTES

☐ _____
☐ _____
☐ _____
☐ _____
☐ _____

SATURDAY

TO-DO LIST

☐ _____
☐ _____
☐ _____
☐ _____
☐ _____

NOTES

☐ _____
☐ _____
☐ _____
☐ _____
☐ _____

SUNDAY

TO-DO LIST

☐ _____
☐ _____
☐ _____
☐ _____
☐ _____

NOTES

☐ _____
☐ _____
☐ _____
☐ _____
☐ _____

Week of: _____ - _____

WEEKLY GOALS	WEEKLY AFFIRMATION

WEEKLY GOALS

1. _____
2. _____
3. _____

WEEKLY AFFIRMATION

_____

_____

_____

MONDAY

MOTIVATION RATING
☆ ☆ ☆ ☆ ☆

TO-DO LIST

☐ _____
☐ _____
☐ _____
☐ _____
☐ _____

NOTES

☐ _____
☐ _____
☐ _____
☐ _____
☐ _____

TUESDAY

MOTIVATION RATING
☆ ☆ ☆ ☆ ☆

TO-DO LIST

☐ _____
☐ _____
☐ _____
☐ _____
☐ _____

NOTES

☐ _____
☐ _____
☐ _____
☐ _____
☐ _____

WEDNESDAY

MOTIVATION RATING
☆ ☆ ☆ ☆ ☆

TO-DO LIST

☐ _____
☐ _____
☐ _____
☐ _____
☐ _____

NOTES

☐ _____
☐ _____
☐ _____
☐ _____
☐ _____

THURSDAY

TO-DO LIST

- [ ] _____
- [ ] _____
- [ ] _____
- [ ] _____
- [ ] _____

NOTES

- [ ] _____
- [ ] _____
- [ ] _____
- [ ] _____
- [ ] _____

FRIDAY

TO-DO LIST

- [ ] _____
- [ ] _____
- [ ] _____
- [ ] _____
- [ ] _____

NOTES

- [ ] _____
- [ ] _____
- [ ] _____
- [ ] _____
- [ ] _____

SATURDAY

TO-DO LIST

- [ ] _____
- [ ] _____
- [ ] _____
- [ ] _____
- [ ] _____

NOTES

- [ ] _____
- [ ] _____
- [ ] _____
- [ ] _____
- [ ] _____

SUNDAY

TO-DO LIST

- [ ] _____
- [ ] _____
- [ ] _____
- [ ] _____
- [ ] _____

NOTES

- [ ] _____
- [ ] _____
- [ ] _____
- [ ] _____
- [ ] _____

Week of: _____ - _____

WEEKLY GOALS	WEEKLY AFFIRMATION
1. _____	_____
2. _____	_____
3. _____	_____

MONDAY

MOTIVATION RATING
☆ ☆ ☆ ☆ ☆

TO-DO LIST

- [ ] _____
- [ ] _____
- [ ] _____
- [ ] _____
- [ ] _____

NOTES

- [ ] _____
- [ ] _____
- [ ] _____
- [ ] _____
- [ ] _____

TUESDAY

MOTIVATION RATING
☆ ☆ ☆ ☆ ☆

TO-DO LIST

- [ ] _____
- [ ] _____
- [ ] _____
- [ ] _____
- [ ] _____

NOTES

- [ ] _____
- [ ] _____
- [ ] _____
- [ ] _____
- [ ] _____

WEDNESDAY

MOTIVATION RATING
☆ ☆ ☆ ☆ ☆

TO-DO LIST

- [ ] _____
- [ ] _____
- [ ] _____
- [ ] _____
- [ ] _____

NOTES

- [ ] _____
- [ ] _____
- [ ] _____
- [ ] _____
- [ ] _____

THURSDAY

MOTIVATION RATING
☆ ☆ ☆ ☆ ☆

TO-DO LIST

- [ ]
- [ ]
- [ ]
- [ ]
- [ ]

NOTES

- [ ]
- [ ]
- [ ]
- [ ]
- [ ]

FRIDAY

MOTIVATION RATING
☆ ☆ ☆ ☆ ☆

TO-DO LIST

- [ ]
- [ ]
- [ ]
- [ ]
- [ ]

NOTES

- [ ]
- [ ]
- [ ]
- [ ]
- [ ]

SATURDAY

MOTIVATION RATING
☆ ☆ ☆ ☆ ☆

TO-DO LIST

- [ ]
- [ ]
- [ ]
- [ ]
- [ ]

NOTES

- [ ]
- [ ]
- [ ]
- [ ]
- [ ]

SUNDAY

MOTIVATION RATING
☆ ☆ ☆ ☆ ☆

TO-DO LIST

- [ ]
- [ ]
- [ ]
- [ ]
- [ ]

NOTES

- [ ]
- [ ]
- [ ]
- [ ]
- [ ]

Week of:_____ -_____

WEEKLY GOALS	WEEKLY AFFIRMATION
1. _____	_____
2. _____	_____
3. _____	_____

MONDAY

MOTIVATION RATING
☆ ☆ ☆ ☆ ☆

TO-DO LIST

- ☐ _____
- ☐ _____
- ☐ _____
- ☐ _____
- ☐ _____

NOTES

- ☐ _____
- ☐ _____
- ☐ _____
- ☐ _____
- ☐ _____

TUESDAY

MOTIVATION RATING
☆ ☆ ☆ ☆ ☆

TO-DO LIST

- ☐ _____
- ☐ _____
- ☐ _____
- ☐ _____
- ☐ _____

NOTES

- ☐ _____
- ☐ _____
- ☐ _____
- ☐ _____
- ☐ _____

WEDNESDAY

MOTIVATION RATING
☆ ☆ ☆ ☆ ☆

TO-DO LIST

- ☐ _____
- ☐ _____
- ☐ _____
- ☐ _____
- ☐ _____

NOTES

- ☐ _____
- ☐ _____
- ☐ _____
- ☐ _____
- ☐ _____

THURSDAY

MOTIVATION RATING
☆ ☆ ☆ ☆ ☆

TO-DO LIST
- [ ]
- [ ]
- [ ]
- [ ]
- [ ]

NOTES
- [ ]
- [ ]
- [ ]
- [ ]
- [ ]

FRIDAY

MOTIVATION RATING
☆ ☆ ☆ ☆ ☆

TO-DO LIST
- [ ]
- [ ]
- [ ]
- [ ]
- [ ]

NOTES
- [ ]
- [ ]
- [ ]
- [ ]
- [ ]

SATURDAY

MOTIVATION RATING
☆ ☆ ☆ ☆ ☆

TO-DO LIST
- [ ]
- [ ]
- [ ]
- [ ]
- [ ]

NOTES
- [ ]
- [ ]
- [ ]
- [ ]
- [ ]

SUNDAY

MOTIVATION RATING
☆ ☆ ☆ ☆ ☆

TO-DO LIST
- [ ]
- [ ]
- [ ]
- [ ]
- [ ]

NOTES
- [ ]
- [ ]
- [ ]
- [ ]
- [ ]

Reflcections

Notes

MONTH:_____

Sunday	Monday	Tuesday	Wednesday

Thursday	Friday	Saturday	Notes
			_____
			_____
			_____
			_____
			_____

Week of: _____ - _____

WEEKLY GOALS	WEEKLY AFFIRMATION

1. _____
2. _____
3. _____

_____
_____
_____

MONDAY

MOTIVATION RATING
☆ ☆ ☆ ☆ ☆

TO-DO LIST

- ☐ _____
- ☐ _____
- ☐ _____
- ☐ _____
- ☐ _____

NOTES

- ☐ _____
- ☐ _____
- ☐ _____
- ☐ _____
- ☐ _____

TUESDAY

MOTIVATION RATING
☆ ☆ ☆ ☆ ☆

TO-DO LIST

- ☐ _____
- ☐ _____
- ☐ _____
- ☐ _____
- ☐ _____

NOTES

- ☐ _____
- ☐ _____
- ☐ _____
- ☐ _____
- ☐ _____

WEDNESDAY

MOTIVATION RATING
☆ ☆ ☆ ☆ ☆

TO-DO LIST

- ☐ _____
- ☐ _____
- ☐ _____
- ☐ _____
- ☐ _____

NOTES

- ☐ _____
- ☐ _____
- ☐ _____
- ☐ _____
- ☐ _____

THURSDAY

MOTIVATION RATING
☆ ☆ ☆ ☆ ☆

TO-DO LIST

☐ _____
☐ _____
☐ _____
☐ _____
☐ _____

NOTES

☐ _____
☐ _____
☐ _____
☐ _____
☐ _____

FRIDAY

MOTIVATION RATING
☆ ☆ ☆ ☆ ☆

TO-DO LIST

☐ _____
☐ _____
☐ _____
☐ _____
☐ _____

NOTES

☐ _____
☐ _____
☐ _____
☐ _____
☐ _____

SATURDAY

MOTIVATION RATING
☆ ☆ ☆ ☆ ☆

TO-DO LIST

☐ _____
☐ _____
☐ _____
☐ _____
☐ _____

NOTES

☐ _____
☐ _____
☐ _____
☐ _____
☐ _____

SUNDAY

MOTIVATION RATING
☆ ☆ ☆ ☆ ☆

TO-DO LIST

☐ _____
☐ _____
☐ _____
☐ _____
☐ _____

NOTES

☐ _____
☐ _____
☐ _____
☐ _____
☐ _____

Week of: _____ - _____

WEEKLY GOALS	WEEKLY AFFIRMATION
1. _____	_____
2. _____	_____
3. _____	_____

MONDAY

MOTIVATION RATING
☆ ☆ ☆ ☆ ☆

TO-DO LIST
- ☐ _____
- ☐ _____
- ☐ _____
- ☐ _____
- ☐ _____

NOTES
- ☐ _____
- ☐ _____
- ☐ _____
- ☐ _____
- ☐ _____

TUESDAY

MOTIVATION RATING
☆ ☆ ☆ ☆ ☆

TO-DO LIST
- ☐ _____
- ☐ _____
- ☐ _____
- ☐ _____
- ☐ _____

NOTES
- ☐ _____
- ☐ _____
- ☐ _____
- ☐ _____
- ☐ _____

WEDNESDAY

MOTIVATION RATING
☆ ☆ ☆ ☆ ☆

TO-DO LIST
- ☐ _____
- ☐ _____
- ☐ _____
- ☐ _____
- ☐ _____

NOTES
- ☐ _____
- ☐ _____
- ☐ _____
- ☐ _____
- ☐ _____

THURSDAY

TO-DO LIST

- ☐ _____
- ☐ _____
- ☐ _____
- ☐ _____
- ☐ _____

NOTES

- ☐ _____
- ☐ _____
- ☐ _____
- ☐ _____
- ☐ _____

FRIDAY

TO-DO LIST

- ☐ _____
- ☐ _____
- ☐ _____
- ☐ _____
- ☐ _____

NOTES

- ☐ _____
- ☐ _____
- ☐ _____
- ☐ _____
- ☐ _____

SATURDAY

TO-DO LIST

- ☐ _____
- ☐ _____
- ☐ _____
- ☐ _____
- ☐ _____

NOTES

- ☐ _____
- ☐ _____
- ☐ _____
- ☐ _____
- ☐ _____

SUNDAY

TO-DO LIST

- ☐ _____
- ☐ _____
- ☐ _____
- ☐ _____
- ☐ _____

NOTES

- ☐ _____
- ☐ _____
- ☐ _____
- ☐ _____
- ☐ _____

Week of: _____ - _____

WEEKLY GOALS	WEEKLY AFFIRMATION
1. _____	_____
2. _____	_____
3. _____	_____

MONDAY

MOTIVATION RATING
☆ ☆ ☆ ☆ ☆

TO-DO LIST

- ☐ _____
- ☐ _____
- ☐ _____
- ☐ _____
- ☐ _____

NOTES

- ☐ _____
- ☐ _____
- ☐ _____
- ☐ _____
- ☐ _____

TUESDAY

MOTIVATION RATING
☆ ☆ ☆ ☆ ☆

TO-DO LIST

- ☐ _____
- ☐ _____
- ☐ _____
- ☐ _____
- ☐ _____

NOTES

- ☐ _____
- ☐ _____
- ☐ _____
- ☐ _____
- ☐ _____

WEDNESDAY

MOTIVATION RATING
☆ ☆ ☆ ☆ ☆

TO-DO LIST

- ☐ _____
- ☐ _____
- ☐ _____
- ☐ _____
- ☐ _____

NOTES

- ☐ _____
- ☐ _____
- ☐ _____
- ☐ _____
- ☐ _____

THURSDAY

TO-DO LIST

- ☐ _____
- ☐ _____
- ☐ _____
- ☐ _____
- ☐ _____

NOTES

- ☐ _____
- ☐ _____
- ☐ _____
- ☐ _____
- ☐ _____

FRIDAY

TO-DO LIST

- ☐ _____
- ☐ _____
- ☐ _____
- ☐ _____
- ☐ _____

NOTES

- ☐ _____
- ☐ _____
- ☐ _____
- ☐ _____
- ☐ _____

SATURDAY

TO-DO LIST

- ☐ _____
- ☐ _____
- ☐ _____
- ☐ _____
- ☐ _____

NOTES

- ☐ _____
- ☐ _____
- ☐ _____
- ☐ _____
- ☐ _____

SUNDAY

TO-DO LIST

- ☐ _____
- ☐ _____
- ☐ _____
- ☐ _____
- ☐ _____

NOTES

- ☐ _____
- ☐ _____
- ☐ _____
- ☐ _____
- ☐ _____

Week of:_____ -

WEEKLY GOALS	WEEKLY AFFIRMATION
1._____	_____
2._____	_____
3._____	_____

MONDAY

MOTIVATION RATING
☆ ☆ ☆ ☆ ☆

TO-DO LIST

☐ _____
☐ _____
☐ _____
☐ _____
☐ _____

NOTES

☐ _____
☐ _____
☐ _____
☐ _____
☐ _____

TUESDAY

MOTIVATION RATING
☆ ☆ ☆ ☆ ☆

TO-DO LIST

☐ _____
☐ _____
☐ _____
☐ _____
☐ _____

NOTES

☐ _____
☐ _____
☐ _____
☐ _____
☐ _____

WEDNESDAY

MOTIVATION RATING
☆ ☆ ☆ ☆ ☆

TO-DO LIST

☐ _____
☐ _____
☐ _____
☐ _____
☐ _____

NOTES

☐ _____
☐ _____
☐ _____
☐ _____
☐ _____

THURSDAY

TO-DO LIST

- [ ]
- [ ]
- [ ]
- [ ]
- [ ]

NOTES

- [ ]
- [ ]
- [ ]
- [ ]
- [ ]

FRIDAY

TO-DO LIST

- [ ]
- [ ]
- [ ]
- [ ]
- [ ]

NOTES

- [ ]
- [ ]
- [ ]
- [ ]
- [ ]

SATURDAY

TO-DO LIST

- [ ]
- [ ]
- [ ]
- [ ]
- [ ]

NOTES

- [ ]
- [ ]
- [ ]
- [ ]
- [ ]

SUNDAY

TO-DO LIST

- [ ]
- [ ]
- [ ]
- [ ]
- [ ]

NOTES

- [ ]
- [ ]
- [ ]
- [ ]
- [ ]

Week of. _____ - _____

MONDAY

MOTIVATION RATING
☆ ☆ ☆ ☆ ☆

TO-DO LIST

- ☐ _____
- ☐ _____
- ☐ _____
- ☐ _____
- ☐ _____

NOTES

- ☐ _____
- ☐ _____
- ☐ _____
- ☐ _____
- ☐ _____

TUESDAY

MOTIVATION RATING
☆ ☆ ☆ ☆ ☆

TO-DO LIST

- ☐ _____
- ☐ _____
- ☐ _____
- ☐ _____
- ☐ _____

NOTES

- ☐ _____
- ☐ _____
- ☐ _____
- ☐ _____
- ☐ _____

WEDNESDAY

MOTIVATION RATING
☆ ☆ ☆ ☆ ☆

TO-DO LIST

- ☐ _____
- ☐ _____
- ☐ _____
- ☐ _____
- ☐ _____

NOTES

- ☐ _____
- ☐ _____
- ☐ _____
- ☐ _____
- ☐ _____

THURSDAY

MOTIVATION RATING
☆ ☆ ☆ ☆ ☆

TO-DO LIST

- [ ]
- [ ]
- [ ]
- [ ]
- [ ]

NOTES

- [ ]
- [ ]
- [ ]
- [ ]
- [ ]

FRIDAY

MOTIVATION RATING
☆ ☆ ☆ ☆ ☆

TO-DO LIST

- [ ]
- [ ]
- [ ]
- [ ]
- [ ]

NOTES

- [ ]
- [ ]
- [ ]
- [ ]
- [ ]

SATURDAY

MOTIVATION RATING
☆ ☆ ☆ ☆ ☆

TO-DO LIST

- [ ]
- [ ]
- [ ]
- [ ]
- [ ]

NOTES

- [ ]
- [ ]
- [ ]
- [ ]
- [ ]

SUNDAY

MOTIVATION RATING
☆ ☆ ☆ ☆ ☆

TO-DO LIST

- [ ]
- [ ]
- [ ]
- [ ]
- [ ]

NOTES

- [ ]
- [ ]
- [ ]
- [ ]
- [ ]

Reflcections

Notes

MONTH:_____

Sunday	Monday	Tuesday	Wednesday

"Risk more than others think is safe. Dream more than others think is practical."

- Howard

Thursday	Friday	Saturday	Notes
			_____ _____ _____ _____
			_____ _____ _____ _____
			_____ _____ _____ _____
			_____ _____ _____ _____
			_____ _____ _____ _____ _____

Week of. _____ - _____

WEEKLY GOALS	WEEKLY AFFIRMATION
1. _____	_____
2. _____	_____
3. _____	_____

MONDAY

MOTIVATION RATING
☆ ☆ ☆ ☆ ☆

TO-DO LIST

- [ ] _____
- [ ] _____
- [ ] _____
- [ ] _____
- [ ] _____

NOTES

- [ ] _____
- [ ] _____
- [ ] _____
- [ ] _____
- [ ] _____

TUESDAY

MOTIVATION RATING
☆ ☆ ☆ ☆ ☆

TO-DO LIST

- [ ] _____
- [ ] _____
- [ ] _____
- [ ] _____
- [ ] _____

NOTES

- [ ] _____
- [ ] _____
- [ ] _____
- [ ] _____
- [ ] _____

WEDNESDAY

MOTIVATION RATING
☆ ☆ ☆ ☆ ☆

TO-DO LIST

- [ ] _____
- [ ] _____
- [ ] _____
- [ ] _____
- [ ] _____

NOTES

- [ ] _____
- [ ] _____
- [ ] _____
- [ ] _____
- [ ] _____

THURSDAY

MOTIVATION RATING
☆ ☆ ☆ ☆ ☆

TO-DO LIST

☐ _____
☐ _____
☐ _____
☐ _____
☐ _____

NOTES

☐ _____
☐ _____
☐ _____
☐ _____
☐ _____

FRIDAY

MOTIVATION RATING
☆ ☆ ☆ ☆ ☆

TO-DO LIST

☐ _____
☐ _____
☐ _____
☐ _____
☐ _____

NOTES

☐ _____
☐ _____
☐ _____
☐ _____
☐ _____

SATURDAY

MOTIVATION RATING
☆ ☆ ☆ ☆ ☆

TO-DO LIST

☐ _____
☐ _____
☐ _____
☐ _____
☐ _____

NOTES

☐ _____
☐ _____
☐ _____
☐ _____
☐ _____

SUNDAY

MOTIVATION RATING
☆ ☆ ☆ ☆ ☆

TO-DO LIST

☐ _____
☐ _____
☐ _____
☐ _____
☐ _____

NOTES

☐ _____
☐ _____
☐ _____
☐ _____
☐ _____

Week of: _____ - _____

WEEKLY GOALS	WEEKLY AFFIRMATION

WEEKLY GOALS

1. _____
2. _____
3. _____

WEEKLY AFFIRMATION

_____

_____

_____

MONDAY

MOTIVATION RATING
☆ ☆ ☆ ☆ ☆

TO-DO LIST

☐ _____
☐ _____
☐ _____
☐ _____
☐ _____

NOTES

☐ _____
☐ _____
☐ _____
☐ _____
☐ _____

TUESDAY

MOTIVATION RATING
☆ ☆ ☆ ☆ ☆

TO-DO LIST

☐ _____
☐ _____
☐ _____
☐ _____
☐ _____

NOTES

☐ _____
☐ _____
☐ _____
☐ _____
☐ _____

WEDNESDAY

MOTIVATION RATING
☆ ☆ ☆ ☆ ☆

TO-DO LIST

☐ _____
☐ _____
☐ _____
☐ _____
☐ _____

NOTES

☐ _____
☐ _____
☐ _____
☐ _____
☐ _____

THURSDAY

TO-DO LIST
☐ _____
☐ _____
☐ _____
☐ _____
☐ _____

NOTES
☐ _____
☐ _____
☐ _____
☐ _____
☐ _____

FRIDAY

TO-DO LIST
☐ _____
☐ _____
☐ _____
☐ _____
☐ _____

NOTES
☐ _____
☐ _____
☐ _____
☐ _____
☐ _____

SATURDAY

TO-DO LIST
☐ _____
☐ _____
☐ _____
☐ _____
☐ _____

NOTES
☐ _____
☐ _____
☐ _____
☐ _____
☐ _____

SUNDAY

TO-DO LIST
☐ _____
☐ _____
☐ _____
☐ _____
☐ _____

NOTES
☐ _____
☐ _____
☐ _____
☐ _____
☐ _____

Week of. _____ - _____

1. _____
2. _____
3. _____

WEEKLY AFFIRMATION

_____
_____
_____

MONDAY

MOTIVATION RATING
☆ ☆ ☆ ☆ ☆

TO-DO LIST

- ☐ _____
- ☐ _____
- ☐ _____
- ☐ _____
- ☐ _____

NOTES

- ☐ _____
- ☐ _____
- ☐ _____
- ☐ _____
- ☐ _____

TUESDAY

MOTIVATION RATING
☆ ☆ ☆ ☆ ☆

TO-DO LIST

- ☐ _____
- ☐ _____
- ☐ _____
- ☐ _____
- ☐ _____

NOTES

- ☐ _____
- ☐ _____
- ☐ _____
- ☐ _____
- ☐ _____

WEDNESDAY

MOTIVATION RATING
☆ ☆ ☆ ☆ ☆

TO-DO LIST

- ☐ _____
- ☐ _____
- ☐ _____
- ☐ _____
- ☐ _____

NOTES

- ☐ _____
- ☐ _____
- ☐ _____
- ☐ _____
- ☐ _____

THURSDAY

MOTIVATION RATING
☆ ☆ ☆ ☆ ☆

TO-DO LIST

- [ ]
- [ ]
- [ ]
- [ ]
- [ ]

NOTES

- [ ]
- [ ]
- [ ]
- [ ]
- [ ]

FRIDAY

MOTIVATION RATING
☆ ☆ ☆ ☆ ☆

TO-DO LIST

- [ ]
- [ ]
- [ ]
- [ ]
- [ ]

NOTES

- [ ]
- [ ]
- [ ]
- [ ]
- [ ]

SATURDAY

MOTIVATION RATING
☆ ☆ ☆ ☆ ☆

TO-DO LIST

- [ ]
- [ ]
- [ ]
- [ ]
- [ ]

NOTES

- [ ]
- [ ]
- [ ]
- [ ]
- [ ]

SUNDAY

MOTIVATION RATING
☆ ☆ ☆ ☆ ☆

TO-DO LIST

- [ ]
- [ ]
- [ ]
- [ ]
- [ ]

NOTES

- [ ]
- [ ]
- [ ]
- [ ]
- [ ]

Week of: _____ - _____

WEEKLY GOALS	WEEKLY AFFIRMATION

WEEKLY GOALS

1. _____
2. _____
3. _____

WEEKLY AFFIRMATION

_____
_____
_____

MONDAY

MOTIVATION RATING
☆ ☆ ☆ ☆ ☆

TO-DO LIST

☐ _____
☐ _____
☐ _____
☐ _____
☐ _____

NOTES

☐ _____
☐ _____
☐ _____
☐ _____
☐ _____

TUESDAY

MOTIVATION RATING
☆ ☆ ☆ ☆ ☆

TO-DO LIST

☐ _____
☐ _____
☐ _____
☐ _____
☐ _____

NOTES

☐ _____
☐ _____
☐ _____
☐ _____
☐ _____

WEDNESDAY

MOTIVATION RATING
☆ ☆ ☆ ☆ ☆

TO-DO LIST

☐ _____
☐ _____
☐ _____
☐ _____
☐ _____

NOTES

☐ _____
☐ _____
☐ _____
☐ _____
☐ _____

THURSDAY

MOTIVATION RATING
☆ ☆ ☆ ☆ ☆

TO-DO LIST

- [ ] _____
- [ ] _____
- [ ] _____
- [ ] _____
- [ ] _____

NOTES

- [ ] _____
- [ ] _____
- [ ] _____
- [ ] _____
- [ ] _____

FRIDAY

MOTIVATION RATING
☆ ☆ ☆ ☆ ☆

TO-DO LIST

- [ ] _____
- [ ] _____
- [ ] _____
- [ ] _____
- [ ] _____

NOTES

- [ ] _____
- [ ] _____
- [ ] _____
- [ ] _____
- [ ] _____

SATURDAY

MOTIVATION RATING
☆ ☆ ☆ ☆ ☆

TO-DO LIST

- [ ] _____
- [ ] _____
- [ ] _____
- [ ] _____
- [ ] _____

NOTES

- [ ] _____
- [ ] _____
- [ ] _____
- [ ] _____
- [ ] _____

SUNDAY

MOTIVATION RATING
☆ ☆ ☆ ☆ ☆

TO-DO LIST

- [ ] _____
- [ ] _____
- [ ] _____
- [ ] _____
- [ ] _____

NOTES

- [ ] _____
- [ ] _____
- [ ] _____
- [ ] _____
- [ ] _____

Week of. _____ - _____

WEEKLY GOALS	WEEKLY AFFIRMATION

WEEKLY GOALS

1. _____
2. _____
3. _____

WEEKLY AFFIRMATION

_____

_____

_____

MONDAY

MOTIVATION RATING
☆ ☆ ☆ ☆ ☆

TO-DO LIST

- ☐ _____
- ☐ _____
- ☐ _____
- ☐ _____
- ☐ _____

NOTES

- ☐ _____
- ☐ _____
- ☐ _____
- ☐ _____
- ☐ _____

TUESDAY

MOTIVATION RATING
☆ ☆ ☆ ☆ ☆

TO-DO LIST

- ☐ _____
- ☐ _____
- ☐ _____
- ☐ _____
- ☐ _____

NOTES

- ☐ _____
- ☐ _____
- ☐ _____
- ☐ _____
- ☐ _____

WEDNESDAY

MOTIVATION RATING
☆ ☆ ☆ ☆ ☆

TO-DO LIST

- ☐ _____
- ☐ _____
- ☐ _____
- ☐ _____
- ☐ _____

NOTES

- ☐ _____
- ☐ _____
- ☐ _____
- ☐ _____
- ☐ _____

THURSDAY

MOTIVATION RATING
☆ ☆ ☆ ☆ ☆

TO-DO LIST

- [ ] _____
- [ ] _____
- [ ] _____
- [ ] _____
- [ ] _____

NOTES

- [ ] _____
- [ ] _____
- [ ] _____
- [ ] _____
- [ ] _____

FRIDAY

MOTIVATION RATING
☆ ☆ ☆ ☆ ☆

TO-DO LIST

- [ ] _____
- [ ] _____
- [ ] _____
- [ ] _____
- [ ] _____

NOTES

- [ ] _____
- [ ] _____
- [ ] _____
- [ ] _____
- [ ] _____

SATURDAY

MOTIVATION RATING
☆ ☆ ☆ ☆ ☆

TO-DO LIST

- [ ] _____
- [ ] _____
- [ ] _____
- [ ] _____
- [ ] _____

NOTES

- [ ] _____
- [ ] _____
- [ ] _____
- [ ] _____
- [ ] _____

SUNDAY

MOTIVATION RATING
☆ ☆ ☆ ☆ ☆

TO-DO LIST

- [ ] _____
- [ ] _____
- [ ] _____
- [ ] _____
- [ ] _____

NOTES

- [ ] _____
- [ ] _____
- [ ] _____
- [ ] _____
- [ ] _____

Reflcections

Notes

_____
_____
_____
_____
_____
_____
_____
_____
_____
_____
_____
_____
_____
_____
_____
_____
_____
_____
_____
_____
_____
_____
_____
_____
_____

MONTH:_____

Sunday	Monday	Tuesday	Wednesday

"Ideas are easy. Implementation is hard."

- Guy Kawasaki

Thursday	Friday	Saturday	Notes

Week of: _____ - _____

WEEKLY GOALS	WEEKLY AFFIRMATION

WEEKLY GOALS

1. _____
2. _____
3. _____

WEEKLY AFFIRMATION

_____
_____
_____

MONDAY

MOTIVATION RATING
☆ ☆ ☆ ☆ ☆

TO-DO LIST

- ☐ _____
- ☐ _____
- ☐ _____
- ☐ _____
- ☐ _____

NOTES

- ☐ _____
- ☐ _____
- ☐ _____
- ☐ _____
- ☐ _____

TUESDAY

MOTIVATION RATING
☆ ☆ ☆ ☆ ☆

TO-DO LIST

- ☐ _____
- ☐ _____
- ☐ _____
- ☐ _____
- ☐ _____

NOTES

- ☐ _____
- ☐ _____
- ☐ _____
- ☐ _____
- ☐ _____

WEDNESDAY

MOTIVATION RATING
☆ ☆ ☆ ☆ ☆

TO-DO LIST

- ☐ _____
- ☐ _____
- ☐ _____
- ☐ _____
- ☐ _____

NOTES

- ☐ _____
- ☐ _____
- ☐ _____
- ☐ _____
- ☐ _____

THURSDAY

MOTIVATION RATING
☆ ☆ ☆ ☆ ☆

TO-DO LIST

- [ ]
- [ ]
- [ ]
- [ ]
- [ ]

NOTES

- [ ]
- [ ]
- [ ]
- [ ]
- [ ]

FRIDAY

MOTIVATION RATING
☆ ☆ ☆ ☆ ☆

TO-DO LIST

- [ ]
- [ ]
- [ ]
- [ ]
- [ ]

NOTES

- [ ]
- [ ]
- [ ]
- [ ]
- [ ]

SATURDAY

MOTIVATION RATING
☆ ☆ ☆ ☆ ☆

TO-DO LIST

- [ ]
- [ ]
- [ ]
- [ ]
- [ ]

NOTES

- [ ]
- [ ]
- [ ]
- [ ]
- [ ]

SUNDAY

MOTIVATION RATING
☆ ☆ ☆ ☆ ☆

TO-DO LIST

- [ ]
- [ ]
- [ ]
- [ ]
- [ ]

NOTES

- [ ]
- [ ]
- [ ]
- [ ]
- [ ]

Week of. _____ - _____

WEEKLY GOALS	WEEKLY AFFIRMATION
1. _____	_____
2. _____	_____
3. _____	_____

MONDAY

MOTIVATION RATING
☆ ☆ ☆ ☆ ☆

TO-DO LIST

- [ ] _____
- [ ] _____
- [ ] _____
- [ ] _____
- [ ] _____

NOTES

- [ ] _____
- [ ] _____
- [ ] _____
- [ ] _____
- [ ] _____

TUESDAY

MOTIVATION RATING
☆ ☆ ☆ ☆ ☆

TO-DO LIST

- [ ] _____
- [ ] _____
- [ ] _____
- [ ] _____
- [ ] _____

NOTES

- [ ] _____
- [ ] _____
- [ ] _____
- [ ] _____
- [ ] _____

WEDNESDAY

MOTIVATION RATING
☆ ☆ ☆ ☆ ☆

TO-DO LIST

- [ ] _____
- [ ] _____
- [ ] _____
- [ ] _____
- [ ] _____

NOTES

- [ ] _____
- [ ] _____
- [ ] _____
- [ ] _____
- [ ] _____

THURSDAY

TO-DO LIST

- [ ]
- [ ]
- [ ]
- [ ]
- [ ]

NOTES

- [ ]
- [ ]
- [ ]
- [ ]
- [ ]

FRIDAY

TO-DO LIST

- [ ]
- [ ]
- [ ]
- [ ]
- [ ]

NOTES

- [ ]
- [ ]
- [ ]
- [ ]
- [ ]

SATURDAY

TO-DO LIST

- [ ]
- [ ]
- [ ]
- [ ]
- [ ]

NOTES

- [ ]
- [ ]
- [ ]
- [ ]
- [ ]

SUNDAY

TO-DO LIST

- [ ]
- [ ]
- [ ]
- [ ]
- [ ]

NOTES

- [ ]
- [ ]
- [ ]
- [ ]
- [ ]

Week of: _____ - _____

WEEKLY GOALS	WEEKLY AFFIRMATION

WEEKLY GOALS

1. _____
2. _____
3. _____

WEEKLY AFFIRMATION

_____
_____
_____

MONDAY

MOTIVATION RATING
☆ ☆ ☆ ☆ ☆

TO-DO LIST

☐ _____
☐ _____
☐ _____
☐ _____
☐ _____

NOTES

☐ _____
☐ _____
☐ _____
☐ _____
☐ _____

TUESDAY

MOTIVATION RATING
☆ ☆ ☆ ☆ ☆

TO-DO LIST

☐ _____
☐ _____
☐ _____
☐ _____
☐ _____

NOTES

☐ _____
☐ _____
☐ _____
☐ _____
☐ _____

WEDNESDAY

MOTIVATION RATING
☆ ☆ ☆ ☆ ☆

TO-DO LIST

☐ _____
☐ _____
☐ _____
☐ _____
☐ _____

NOTES

☐ _____
☐ _____
☐ _____
☐ _____
☐ _____

THURSDAY

MOTIVATION RATING
☆ ☆ ☆ ☆ ☆

TO-DO LIST

☐ _____
☐ _____
☐ _____
☐ _____
☐ _____

NOTES

☐ _____
☐ _____
☐ _____
☐ _____
☐ _____

FRIDAY

MOTIVATION RATING
☆ ☆ ☆ ☆ ☆

TO-DO LIST

☐ _____
☐ _____
☐ _____
☐ _____
☐ _____

NOTES

☐ _____
☐ _____
☐ _____
☐ _____
☐ _____

SATURDAY

MOTIVATION RATING
☆ ☆ ☆ ☆ ☆

TO-DO LIST

☐ _____
☐ _____
☐ _____
☐ _____
☐ _____

NOTES

☐ _____
☐ _____
☐ _____
☐ _____
☐ _____

SUNDAY

MOTIVATION RATING
☆ ☆ ☆ ☆ ☆

TO-DO LIST

☐ _____
☐ _____
☐ _____
☐ _____
☐ _____

NOTES

☐ _____
☐ _____
☐ _____
☐ _____
☐ _____

Week of: _____ - _____

WEEKLY GOALS	WEEKLY AFFIRMATION
1. _____	_____
2. _____	_____
3. _____	_____

MONDAY

MOTIVATION RATING
☆ ☆ ☆ ☆ ☆

TO-DO LIST

- ☐ _____
- ☐ _____
- ☐ _____
- ☐ _____
- ☐ _____

NOTES

- ☐ _____
- ☐ _____
- ☐ _____
- ☐ _____
- ☐ _____

TUESDAY

MOTIVATION RATING
☆ ☆ ☆ ☆ ☆

TO-DO LIST

- ☐ _____
- ☐ _____
- ☐ _____
- ☐ _____
- ☐ _____

NOTES

- ☐ _____
- ☐ _____
- ☐ _____
- ☐ _____
- ☐ _____

WEDNESDAY

MOTIVATION RATING
☆ ☆ ☆ ☆ ☆

TO-DO LIST

- ☐ _____
- ☐ _____
- ☐ _____
- ☐ _____
- ☐ _____

NOTES

- ☐ _____
- ☐ _____
- ☐ _____
- ☐ _____
- ☐ _____

THURSDAY

MOTIVATION RATING
☆ ☆ ☆ ☆ ☆

TO-DO LIST

- [ ] _____
- [ ] _____
- [ ] _____
- [ ] _____
- [ ] _____

NOTES

- [ ] _____
- [ ] _____
- [ ] _____
- [ ] _____
- [ ] _____

FRIDAY

MOTIVATION RATING
☆ ☆ ☆ ☆ ☆

TO-DO LIST

- [ ] _____
- [ ] _____
- [ ] _____
- [ ] _____
- [ ] _____

NOTES

- [ ] _____
- [ ] _____
- [ ] _____
- [ ] _____
- [ ] _____

SATURDAY

MOTIVATION RATING
☆ ☆ ☆ ☆ ☆

TO-DO LIST

- [ ] _____
- [ ] _____
- [ ] _____
- [ ] _____
- [ ] _____

NOTES

- [ ] _____
- [ ] _____
- [ ] _____
- [ ] _____
- [ ] _____

SUNDAY

MOTIVATION RATING
☆ ☆ ☆ ☆ ☆

TO-DO LIST

- [ ] _____
- [ ] _____
- [ ] _____
- [ ] _____
- [ ] _____

NOTES

- [ ] _____
- [ ] _____
- [ ] _____
- [ ] _____
- [ ] _____

Week of. _____ - _____

WEEKLY GOALS

1. _____
2. _____
3. _____

WEEKLY AFFIRMATION

_____
_____
_____

MONDAY

MOTIVATION RATING
☆ ☆ ☆ ☆ ☆

TO-DO LIST

- ☐ _____
- ☐ _____
- ☐ _____
- ☐ _____
- ☐ _____

NOTES

- ☐ _____
- ☐ _____
- ☐ _____
- ☐ _____
- ☐ _____

TUESDAY

MOTIVATION RATING
☆ ☆ ☆ ☆ ☆

TO-DO LIST

- ☐ _____
- ☐ _____
- ☐ _____
- ☐ _____
- ☐ _____

NOTES

- ☐ _____
- ☐ _____
- ☐ _____
- ☐ _____
- ☐ _____

WEDNESDAY

MOTIVATION RATING
☆ ☆ ☆ ☆ ☆

TO-DO LIST

- ☐ _____
- ☐ _____
- ☐ _____
- ☐ _____
- ☐ _____

NOTES

- ☐ _____
- ☐ _____
- ☐ _____
- ☐ _____
- ☐ _____

THURSDAY

TO-DO LIST

☐ _____
☐ _____
☐ _____
☐ _____
☐ _____

NOTES

☐ _____
☐ _____
☐ _____
☐ _____
☐ _____

FRIDAY

TO-DO LIST

☐ _____
☐ _____
☐ _____
☐ _____
☐ _____

NOTES

☐ _____
☐ _____
☐ _____
☐ _____
☐ _____

SATURDAY

TO-DO LIST

☐ _____
☐ _____
☐ _____
☐ _____
☐ _____

NOTES

☐ _____
☐ _____
☐ _____
☐ _____
☐ _____

SUNDAY

TO-DO LIST

☐ _____
☐ _____
☐ _____
☐ _____
☐ _____

NOTES

☐ _____
☐ _____
☐ _____
☐ _____
☐ _____

Reflcections

Notes

www.ingramcontent.com/pod-product-compliance
Lightning Source LLC
Chambersburg PA
CBHW071554200326

41519CB00021BB/6742